Vaincre
la fatigue
chronique

© MCMXCVII, Element Books Limited
© MCMXCVII, Textes de Gill Jacobs
Paru sous le titre original de : *The Natural Way: Chronic Fatigue Syndrome*

Version française publiée par :
Les Publications Modus Vivendi inc.
3859, autoroute des Laurentides
Laval (Québec)
Canada
H7L 3H7

Dépôt légal, 1er trimestre 2003
Bibliothèque nationale du Québec
Bibliothèque nationale du Canada
Bibliothèque nationale de Paris

. ISBN: 2-89523-166-4

Mot de l'éditeur

Les livres de cette collection sont publiés à titre informatif et ne se veulent aucunement des substituts aux conseils des professionnels de la médecine. Nous recommandons aux lecteurs de consulter un praticien chevronné en vue d'établir un diagnostic avant de suivre l'un ou l'autre des traitements proposés dans cet ouvrage.

Vaincre
la fatigue
chronique

Gill Jacobs

Consultants médicaux de la collection
Dr Peter Albright, m.d. et Dr David Peters, m.d.

Approuvé par
l'AMERICAN HOLISTIC MEDICAL ASSOCIATION
et la BRITISH HOLISTIC MEDICAL ASSOCIATION

MODUS VIVENDI

Table des matières

Illustrations

Remerciements

De nombreuses personnes m'ont aidé au cours des années, à comprendre le syndrome de fatigue chronique (SFC) — non seulement à interpréter les nouvelles recherches, mais encore à mieux saisir ce que ressentent les personnes atteintes de cette maladie chronique et débilitante. Leurs connaissances et leur expérience ont été inestimables. J'aimerais les remercier toutes, y compris le personnel et les membres de l'organisme ME/CFS Charities Alliance (Royaume-Uni), Fiona Agombar, Martin Arber, Dr Veronica Beechey, Leon Chaitow, Jane Colby, Sue Finlay, Clare Francis de l'Ordre de l'Empire britannique, Dr Alan Franklin, Dr Ellen Goudsmit, Dr Anne Macintyre, Dr Sarah Myhill, Alf Riggs, Dr Pat Shipley et Ondine Upton. Ces personnes ne sont peut-être pas d'accord avec tout ce que j'affirme, mais leur patience, leurs conseils, leur perspicacité et leur expérience se sont révélés précieux.

L'article de Clare Watson sur la fatigue chronique (D. Peters, Complementary Therapies in Medicine, 1996, 4) m'a été très utile. Elle y aborde les besoins émotionnels des personnes atteintes de fatigue chronique et des gens qui essaient de les aider. Elle explique également comment le refus de reconnaître les conséquences émotionnelles de la maladie chronique, tant par le médecin que par le patient, peut nuire à la guérison.

Enfin, je remercie la Yoga for Health Foundation de m'avoir fait connaître leur manière douce de traiter le SFC, de même que les nombreux collaborateurs de la revue Action for ME (encéphalomyélite myalgique, voir p. 12) qui démontrent, à plus d'un titre, qu'il n'y a pas qu'une façon de guérir de cette maladie complexe et déconcertante.

Avant-propos de l'auteur sur le nom de la maladie

Dans le présent ouvrage, l'utilisation du terme syndrome de fatigue chronique (SFC) désigne une maladie qu'on appelle parfois encéphalomyélite myalgique (EM). Tandis que les groupes d'aide aux patients allèguent que ce dernier terme devrait être retenu parce qu'il dénote un processus chronique distinct, les médecins de Grande-Bretagne préfèrent l'étiquette SFC. Dans leur langage, il désigne le spectre entier des états et des causes de la fatigue.

Les scientifiques américains utilisent principalement le terme SFC, tandis que certains groupes de patients ont recours à d'autres termes encore, tel le syndrome immunodéficitaire de fatigue chronique (SIDFC). Ce dernier terme permet de distinguer la maladie d'autres états de fatigue ne comportant pas de dérèglement de la fonction immunitaire.

Bien qu'il y ait encore des débats en cours sur le choix d'un nom qui serait acceptable pour différents pays et différents groupes dans un même pays, j'ai choisi d'utiliser le terme SFC, pour que le livre puisse rejoindre tout le monde, des deux côtés de l'Atlantique. J'aimerais tout de même préciser que j'appuierais le choix d'un nouveau nom qui refléterait les aspects neurocognitifs de la maladie et la distinguerait de la «fatigue de tous les jours» ou du fait d'être «tout le temps fatigué».

Pour faciliter les références, j'énumère ci-dessous les noms les plus souvent utilisés pour désigner la maladie.

- Le syndrome de fatigue chronique (SFC) a d'abord été utilisé en Australie et aux États-Unis. Plus récemment, il a été adopté par les Américains et les Anglais comme terme général «pratique» pour désigner également certaines maladies causées par des facteurs émotionnels. Le problème est que la fatigue n'est pas toujours la caractéristique prédominante de la maladie. La variété des différentes maladies implique que des populations très différentes peuvent être regroupées sous un même terme, ce qui signifie que les résultats des recherches ne sont pas strictement comparables. Les groupes de patients dans le monde entier sont unanimes dans leur opinion que le terme syndrome de fatigue chronique ne décrit pas les symptômes et l'incapacité qui en résulte.
- Le terme encéphalomyélite myalgique (EM) a été adopté à la suite de la flambée de cas survenue au Royaume-Uni en 1955. Cependant, comme le terme EM ne décrit pas avec exactitude ce qui arrive au corps (les malades ne ressentent pas tous des douleurs musculaires et il y a des controverses concernant la présence ou non d'une inflammation de la moelle épinière et du cerveau), les médecins anglais utilisent encore le terme SFC. Les groupes d'aide aux patients conviennent que

le terme EM peut représenter une description incorrecte de ce qui se produit, mais ils le préfèrent tout de même au terme SFC, parce que c'est une façon pratique de faire la distinction entre la fatigue chronique générale et la fatigue chronique associée à des symptômes neurologiques.

- Le terme syndrome de fatigue virale post-persistant est parfois utilisé au Royaume-Uni comme synonyme de syndrome de fatigue chronique. Cependant, ce terme est trompeur, parce que les cas de SFC ne sont pas tous déclenchés par un virus.

- Le terme syndrome immunodéficitaire de fatigue chronique (SIDFC) a été adopté en réaction aux imprécisions du terme SFC. Il vise à reconnaître les conclusions des recherches qui ont démontré la présence d'un dérèglement du système immunitaire. Beaucoup de personnes atteintes du SFC préfèrent ce terme à celui de SFC, parce qu'elles affirment que la fatigue n'est pas le symptôme le plus problématique de la maladie. Ce terme est surtout utilisé aux États-Unis.

- Le syndrome de fibromyalgie commence à être considéré comme presque identique au SFC et il y est certainement apparenté. Il se caractérise principalement par des douleurs articulaires et musculaires, accompagnées des autres symptômes du SFC. Les deux groupes présentent une circulation sanguine et une production d'énergie réduites dans des régions clés du cerveau. On n'a pas identifié de cause unique ni pour l'un ni pour l'autre et ils comportent tous deux des symptômes chroniques qui comprennent de la fatigue, des douleurs musculaires, des dérèglements neuro-cognitifs, des sautes d'humeur et des troubles du sommeil. Aux États-Unis, six millions de personnes en sont atteintes.

Introduction

Si vous avez la chance de ne pas souffrir du syndrome de fatigue chronique (SFC), essayez d'imaginer des symptômes qui vous donnent soudain l'impression que vos batteries sont à plat et qu'il est extrêmement difficile de les recharger. De plus, imaginez les problèmes que cela comporte d'être atteint d'une maladie controversée, qui divise les médecins tant sur la cause que sur les formes de traitement. Efin, imaginez qu'on vous regarde tout le temps d'un air sceptique, parce qu'il n'existe aucun test susceptible de prouver que vous êtes vraiment malade. Les médecins connaissent mieux maintenant le SFC et peuvent se montrer sympathiques. Toutefois, il existe encore beaucoup d'incertitudes quant aux conseils à donner et aux modes de traitement à proposer.

Bien que de plus en plus de recherches tendent à démontrer que le SFC peut être une maladie neurologique, c'est-à-dire une maladie du système nerveux central, de nombreux médecins préfèrent encore se concentrer principalement sur la fatigue. Pourtant, les malades considèrent généralement les autres symptômes, tella fièvre, l'hypersensibilité aux sons et à la lumière, la perte d'équilibre, la perte de mémoire à court terme et les douleurs musculaires et articulaires, encore plus pénibles que la fatigue.

Du fait qu'ils accordent moins d'attention à ces symptômes plus difficiles à identifier, certains médecins considèrent que la maladie est entretenue par des facteurs émotionnels. Ils ne nient pas qu'il ait pu y avoir, à l'origine, manifestation d'une infection virale mais ils croient que certains patients entretiennent inutilement le SFC, parce qu'ils ont besoin de se cacher derrière leurs symptômes pour éviter des problèmes émotionnels passés. En fait, le problème le plus important des personnes atteintes du SFC, outre les symptômes, c'est qu'elles désespèrent de ne jamais pouvoir retrouver leurs capacités d'autrefois.

Selon l'approche proposée dans le présent ouvrage, il est plus utile de voir le SFC comme le résultat d'une combinaison de plusieurs causes différentes conduisant au même groupe de symptômes. Le fait de placer le facteur émotionnel au premier rang est unidimensionnel et inutile. L'approche holistique, qui reconnaît l'interaction entre le physique et le mental, offre plus d'espoir de guérison.

Par bonheur, il semble que la maladie commence à être envisagée selon une perspective plus large. En 1995, le gouvernement des États-Unis consacrait 11,8 millions de dollars à une vaste recherche sur le problème (en partie grâce à l'énorme pouvoir de lobbying des personnes atteintes du SFC). En septembre 1996, le National Institute of Allergy and Infectious Diseases et les National Institutes of Health des États-Unis publiaient un ensemble de lignes directrices compréhensives et informatives à l'intention des médecins. Un mois plus tard, les Royal Colleges of Physicians and General Practitioners du Royaume Uni publiaient un rapport dont les conclusions étaient plus hésitantes, en dépit de ce que la recherche démontrait. Le rapport reconnaissait cependant la nature véritable et invalidante du syndrome.

On n'a encore trouvé aucun traitement global efficace contre le SFC. Tandis que des personnes atteintes de cette maladie se battaient pour la faire reconnaître ou attendaient que l'on s'entende sur le traitement, plusieurs ont tranquillement continué à essayer de s'aider. Ceux qui ont reçu un traitement médicamenteux pour soulager certains symptômes du SFC ont découvert que ce type de traitement n'était pas vraiment efficace. On a donc eu recours à des thérapies complémentaires, et plusieurs d'entre elles ont non seulement soulagé les symptômes, mais les ont complètement éliminés. Diverses routes peuvent être empruntées sur le chemin de la guérison et il revient à chacun de déterminer lesquelles, selon ses besoins personnels. Cependant, quelle que soit la thérapie que vous choisissez, il est crucial que vous vous aidiez vous-même. La gestion de l'énergie et la mesure de vos capacités sont des outils indispensables à la guérison et doivent accompagner toutes autres formes d'interventions, quelles qu'elles soient.

Le présent ouvrage a pour objectif de vous éclairer sur les choix de traitement que vous devrez faire et sur les mesures que vous pourrez prendre pour vous aider vous-même. Il tente également de vous permettre de retrouver espoir.

CHAPITRE 1

Qu'est-ce que le syndrome de fatigue chronique?

Le syndrome de la fatigue chronique (SFC) est une affection chronique et débilitante caractérisée par de la fatigue, des douleurs et un dérèglement cognitif (c'est-à-dire une détérioration de la mémoire à court terme, des difficultés de concentration, des troubles du sommeil et des sautes d'humeur).

On croit souvent que le SFC consiste simplement à «être toujours fatigué». C'est loin d'être le cas. Plusieurs personnes atteintes du SFC souffrent d'intenses douleurs musculaires et d'autres symptômes, notamment de difficultés de concentration et troubles de la mémoire, perte d'équilibre, problèmes de digestion, troubles de la vision, insomnie, fièvre et sautes d'humeur.

La nature imprévisible des symptômes, qui fait osciller le malade entre l'espoir et le désespoir, est particulièrement difficile à supporter. Les troubles du sommeil, qui font que la personne reste éveillée la nuit et s'endort le jour, rendent la vie encore plus difficile. La tentation, durant les bonnes journées, c'est de reprendre le temps perdu. L'oscillation entre les attentes suscitées et les espoirs détruits par rapport à la guérison est difficile à vivre; elle provoque généralement un surmenage, tant physique

que mental. Par exemple, dans les premiers stades de la maladie, les personnes atteintes du SFC ont juste assez d'énergie pour se brosser les cheveux, mais pas assez pour traverser une pièce. Le fait d'aller à l'encontre de ce que notre corps nous dit peut causer des dommages à long terme. D'un autre côté, le fait de prendre du repos pour refaire ses énergies peut faire du bien à court terme, mais cela ne guérit pas la maladie.

Symptômes

Le diagnostic du SFC doit reposer sur un examen attentif du malade et de ses antécédents. De plus, toutes les autres possibilités (voir page 28) doivent avoir été exclues. Les éléments caractéristiques suivants doivent être présents:

- une réaction aiguë, parfois retardée jusqu'à 72 heures, à tout surmenage physique ou mental, qui peut être banale en comparaison de la tolérance passée de la personne, et dont celle-ci ne se remet souvent qu'après plusieurs jours — il ne s'agit pas de la fatigue «saine» que soulage le repos;
- des symptômes de dérèglement du système nerveux central, comme des difficultés de concentration, des pertes de mémoire à court terme et des troubles sensitifs;
- une variabilité des symptômes d'une journée à l'autre ou à l'intérieur d'une même journée, suffisamment grave pour nuire aux activités quotidiennes;
- une chronicité, c'est-à-dire une tendance des symptômes à persister pendant des mois et même des années.

Les symptômes suivants ne touchent pas nécessairement toutes les personnes atteintes du SFC et ne sont pas non plus essentiels au diagnostic, mais de nombreuses personnes les ressentent, en plus des symptômes énumérés prédédemment:

- un facteur viral déclenchant — la plupart des cas de SFC commencent après une infection virale;
- des symptômes caractéristiques d'une infection chronique — température subfébrile, sensibilité des glandes lymphatiques et mal de gorge, souvent avec diarrhée et douleurs gastriques;
- des problèmes cognitifs qui s'ajoutent à ceux mentionnés ci-dessus — difficulté à trouver ses mots, incapacité de comprendre ou de retenir ce qu'on lit, incapacité de calculer des nombres et détérioration de la faculté de parler ou de raisonner;
- des douleurs musculaires — faiblesse musculaire provoquée par l'exercice, temps de récupération anormalement long, incapacité de se tenir debout pendant de longues périodes ou même de tendre les bras pour tenir le téléphone ou se brosser les cheveux, muscles douloureux et sensibles, soubresauts musculaires après un effort excessif, difficultés à lire et à écrire;
- des troubles du système nerveux autonome — palpitations, pouls rapide, frissons et sueurs nocturnes, pâleur soudaine, fluctuations de température, nausées, diarrhée, dérèglement de la vessie, troubles hormonaux;
- des troubles sensitifs — réactions aux sons, à la lumière et aux odeurs, bourdonnements d'oreilles;

- des troubles du sommeil — au début, besoin de dormir constamment, suivi d'insomnie au stade chronique, perte du sommeil non paradoxal et rêves impressionnants et désagréables;
- des fluctuations émotionnelles — dépression, (sans les réactions habituelles d'apathie) et sentiment de manque d'estime de soi, culpabilité, irritabilité, anxiété, attaques de panique, changements de la personnalité, sautes d'humeur;
- de la douleur — parfois de violents maux de tête, des douleurs abdominales, des maux de dos, des douleurs au cou, au visage, à la poitrine, aux articulations avec ou sans enflures;
- des troubles intestinaux — ballonnements, douleurs, gaz, côlon irritable, intolérance alimentaire, malabsorption (trouble qui empêche de tirer les substances nutritives des aliments);
- une intolérance à l'alcool — symptôme que ressentent presque toutes les personnes atteintes du SFC;
- des symptômes de dysbiose intestinale et de pullulation fongique — alternance de diarrhée et de constipation, démangeaisons anales, muguet, ballonnements, gaz, besoin anormal de sucre, cystite, tension prémenstruelle;
- des complications cardiaques: pouls rapide, contractions ectopiques, douleurs à la poitrine semblables à celles provoquées par l'angine;
- d'autres symptômes: changement de poids sans changement de régime, étourdissements, sensation qu'on est dans un brouillard, évanouissements.

La recherche actuelle sur le SFC tend de plus en plus à démontrer que le dérèglement se situe au niveau cellulaire, ce qui entrave les processus chimiques et réduit la capacité des cellules, surtout celles des muscles et des nerfs, de produire de l'énergie et de transmettre des messages au cerveau. La recherche démontre que le SFC entraîne des changements particuliers dans le cerveau, provoqués par une réduction de l'afflux de sang dans le tronc cérébral. Ces changements diffèrent de ceux que l'on constate dans les cas de dépression. Des changements se produisent également dans les systèmes nerveux et hormonaux. Le SFC est généralement déclenché par une infection virale, quoique certaines personnes expérimentent un glissement progressif dans la maladie, sans qu'elle soit déclenchée par un facteur infectieux apparent. Les troubles cognitifs graves souvent ressentis par les malades distinguent le SFC d'autres désordres semblables.

Jusqu'à 20 pour cent des malades deviennent handicapés en permanence, quoique ces chiffres révèlent peut-être les conséquences d'une mauvaise gestion aux premiers stades de la maladie, attribuable à une mauvaise compréhension du SFC. Dans les autres cas, certains réussissent à reprendre une vie normale après un an ou deux. La majorité, cependant, doit vivre avec le SFC pendant de nombreuses années; or, de nombreux doutes subsistent en ce qui concerne les moyens de s'aider soi-même, alors que la médecine s'interroge toujours sur les causes de la maladie, plutôt que de se concentrer sur le traitement. Néanmoins, le diagnostic exact posé dans les premiers stades de la maladie, accompagné d'une gestion adéquate de l'énergie et d'une perspective holistique, réduisent considérablement les risques de handicap permanent.

Le SFC: une maladie du 20e siècle?

Bien que la terminologie concernant cette maladie soit relativement nouvelle, les troubles eux-mêmes ne le sont pas. En 1681, Thomas Sydenham, le père de la médecine anglaise, avait donné à un ensemble de symptômes similaire le nom de rhumatisme musculaire. Florence Nightingale, tombée malade à son retour de la guerre de Crimée, a passé des années à la maison, trop épuisée pour recevoir plus d'un visiteur à la fois. Son exposition aux risques d'infection et son horaire de travail exténuant qui ne lui donnait pas de répit, donnent à penser qu'elle était atteinte de ce que nous appelons aujourd'hui le SFC. Pendant la guerre civile des États-Unis, le SFC était connu sous le nom de «maladie du soldat» et le neurologiste en chef des forces de l'Union y a consacré un livre. Il recommandait le repos complet au lit et l'hypernutrition pendant une période de plusieurs mois.

Le lien avec la polio

Une forme de SFC a été reconnue pour la première fois comme une maladie épidémique distincte durant une épidémie de polio survenue en Californie en 1934. La maladie ne présentait pas les symptômes d'atrophie musculaire grave constatés dans les cas de polio, mais on pouvait observer suffisamment de similarités pour justifier l'utilisation du terme «polio atypique». Les symptômes étaient ceux du SFC, avec faiblesse musculaire récurrente, syndromes de douleurs inhabituelles, changements de la personnalité, pertes de mémoire, etc. En fait, la majorité des 198 médecins et infirmières affectés par le SFC sont tombés malades après avoir reçu une injection d'un extrait réalisé à partir du sang des personnes qu'ils traitaient durant l'épidémie, et qui avait pour objectif de renforcer l'immunité. La plupart ne se sont jamais rétablis complètement, bien qu'ils aient été substantiellement indemnisés.

Selon le docteur américain, Richard Bruno, 91 pour cent des personnes qui ont survécu à la polio développent actuellement un syndrome post-polio, plusieurs années après leur polio initiale, les symptômes qu'ils éprouvent étant presque identiques à ceux du SFC.

Depuis 1934, plus de 50 épidémies similaires à celle survenue en Californie ont été décrites dans les revues médicales; elles portent des noms divers, mais présentent toutes le même ensemble de symptômes. Grâce à l'avènement de l'immunisation contre la polio de 1953 à 1955, la forme paralysante du SFC a connu un déclin, de même que l'incidence de la polio. À partir de ce moment, on a généralement constaté la présence du SFC dans des cas individuels, mais les symptômes habituels comportaient toujours les maux de tête, les douleurs musculaires, le vertige, les sautes d'humeur, la fatigue épisodique, les troubles de la vision et les fluctuations de température. Selon certains médecins, quand la vaccination contre la polio a éliminé la polio paralytique, il s'est produit des épidémies d'autres entérovirus (des virus intestinaux, dont la polio fait partie), qui ont alors eu plus de chances de résister.

Le docteur Melvin Ramsay a été le premier spécialiste à observer que de nombreuses personnes atteintes du SFC demeuraient toujours malades après de longues périodes de temps, et que certaines ne présentaient absolument aucun signe de guérison. Son intérêt pour le SFC s'est développé durant une épidémie survenue dans un hôpital de Grande-Bretagne en 1955, laquelle avait principalement affecté les infirmières. Malgré les signes d'infection manifestes, les troubles du système nerveux central et le fait que certaines des victimes étaient toujours handicapées après 15 ans, deux psychiatres ayant réévalué les dossiers en 1970 sont venus à la conclusion qu'il s'agissait de cas d'hystérie collective. C'est ce «verdict» qui a continué de figurer dans les traités de médecine. Des situations similaires se sont produits dans d'autres pays occidentaux.

Pourquoi certains médecins et groupes de patients ne s'entendent-ils toujours pas?

Bien que les médecins soient maintenant plus susceptibles de croire que le SFC est généralement déclenché par un facteur viral plutôt que par l'hystérie, certains considèrent que la durée des symptômes est attribuable à des causes émotionnelles, lesquelles doivent être traitées en encourageant le patient à augmenter progressivement sa mobilité. Des études prétendent que les patients, bien que vraiment malades au départ, s'accrochent aux symptômes et se retirent de la vie pour éviter de ressentir des souffrances émotionnelles. Le diagnostic du SFC les protègeait, en quelque sorte, contre les stigmates rattachés à la dépression ou à la névrose. Le déconditionnement des muscles inutilisés est alors considéré comme étant au coeur du problème, et les patients sont incités à renoncer à leurs croyances relatives à la maladie, parce qu'elles sont inadéquates et font obstacle à leur guérison.

Les groupes d'aide aux patients réfutent cette approche, même s'ils reconnaissent qu'elle peut aider quelques personnes. Selon eux, celle-ci ne tient pas compte de la profondeur et de la gravité du SFC. Ils s'appuient sur des études qui ont démontré, au-delà des causes émotionnelles, la présence d'un dysfonctionnement du système immunitaire dans les cas de SFC. Ils allèguent que dans les premiers stades de la maladie, avant que les symptômes se stabilisent, l'excès d'exercices peut provoquer une rechute. On s'entend généralement sur le fait que les symptômes du SFC sont exacerbés par le stress; les désaccords semblent concerner la question de savoir si les symptômes sont prolongés uniquement par le stress émotionnel ou s'ils le sont également par des transformations physiologiques profondes survenues dans le corps. Selon cette perspective holistique, le temps ou des interventions autres que les seules interventions émotionnelles sont nécessaires à la guérison.

Le rôle de la nutrition, de l'environnement et de l'exposition aux substances chimiques est plus susceptible d'être envisagé par les thérapies complémentaires, où la compréhension des liens entre l'esprit et le corps permet l'inclusion de tous ces facteurs. Certains médecins, peu nombreux, commencent toutefois à aller également dans cette direction.

Autres maladies causant parfois de la fatigue

Avant de diagnostiquer le SFC, les maladies suivantes, qui peuvent également causer de la fatigue, doivent être exclues au moyen d'un examen consciencieux fondé sur les antécédents de la personne, un examen physique et des résultats de laboratoire adéquats:

- les troubles de la thyroïde
- l'anémie
- la maladie d'Addison
- le cancer
- la sclérose en plaques
- le diabète
- les troubles gastro-intestinaux
- les maladies auto-immunes
- les infections chroniques comme le VIH, la mononucléose infectieuse et la tuberculose
- la toxoplasmose
- les parasites
- les déficiences nutritionnelles
- les maladies du tissu conjonctif
- la dépression endogène ou la névrose d'angoisse
- les effets secondaires d'un médicament chronique ou autre agent toxique (solvant chimique ou pesticide)

Qui sont les personnes les plus à risque et pourquoi?

Les estimations de l'incidence du SFC varient considérablement d'un milieu à un autre, selon que l'on utilise les définitions de cas retenues en Angleterre, aux États-Unis ou en Australie.

L'épidémiologiste anglais E.G. Dowsett observe que cette situation aura peu de chances d'être corrigée, tant qu'on ne s'entendra pas sur une terminologie et une définition de cas communes.

Aux États-Unis, on croit que les Centers for Disease Control ont grandement sous-estimé, dans le passé, le nombre de personnes atteintes du SFC. Selon les plus récentes estimations, il y aurait de 75 à 267 cas de SFC par 100 000 habitants dans la population générale. Ces chiffres sont cependant tirés de la communauté, ils ne représentent pas les personnes ayant consulté des médecins, qui constituent de 2 à 7,3 cas par 100 000 habitants.

Au Royaume-Uni, on pense que 150 000 personnes souffrent du SFC, soit deux fois plus que les victimes de la sclérose en plaques. Ce chiffre est probablement une sous-estimation, bien qu'on puisse affirmer que la maladie entre dans une phase de régression, après avoir connu un stade presque épidémique à la fin des années 80 et au début des années 90. Cependant, le rapport des Royal Colleges estime que la prévalence de la maladie se chiffre à un million de cas en soins primaires. Le ME/CFS Charities Alliance considère qu'il s'agit là d'une surestimation, qui ne se reflète pas dans les demandes d'indemnité pour maladie ou invalidité, et qui illustre le danger de considérer en bloc tous les cas de fatigue chronique, qui ont des causes, des degrés de gravité et des besoins de gestion différents.

Profil du patient

Une étude réalisée par les docteurs Darrel Ho-Yen et I. McNamara auprès de 293 personnes souffrant du SFC a montré que 64 pour cent des patients étaient des femmes et 36 pour cent des hommes. Cependant, la gravité de la maladie et l'utilisation du temps du médecin étaient les mêmes pour les hommes et les femmes. Les personnes dont l'âge se situait entre 35 et 44 ans représentaient le pourcentage le plus élevé, 29 pour cent, et 22 pour cent étaient des professeurs et des étudiants.

La maladie se manifeste le plus fréquemment entre 20 et 40 ans, mais des enfants peuvent en être atteints dès l'âge de 5 ans. Tous les groupes socio-économiques sont représentés, bien qu'il y ait un fort contingent de professeurs et de professionnels de la santé, plus exposés dans leur travail à des niveaux de stress élevés et à des risques d'infection. Toutefois, un des problèmes que présentent les études d'évaluation de la prévalence est que diverses définitions peuvent avoir été utilisées.

Jeanne

Jeanne est une journaliste dans la quarantaine. Quelques mois avant de tomber malade, elle s'était blessée au genou dans un accident de la circulation; elle avait ensuite boité pendant quelque temps, et cela avait aggravé la douleur persistante qui lui restait d'une vieille blessure au dos. Les deux dernières années avaient été difficiles, à cause de la mort de sa mère, de soucis financiers et de la fin d'une longue relation, mais elle avait l'impression que les choses commençaient à se tasser.

En plus de tout cela, elle avait beaucoup travaillé, parfois jusqu'à 15 heures par jour. En y repensant, elle se rend compte que cela a contribué à la détérioration de sa santé, mais à l'époque elle se sentait indestructible, et ce sentiment l'empêchait de s'apercevoir qu'elle avait besoin de ralentir. C'est un mal de gorge qui a déclenché son effondrement, un mal de gorge qu'elle a ignoré, parce qu'elle refusait de cesser de travailler.

Elle se souvient très clairement du jour où elle est tombée malade. Elle était allongée et elle était absolument incapable de se lever. «Après trois heures, j'ai dû rouler en bas du sofa et ramper jusqu'à la cuisine pour me préparer quelque chose à boire. C'était terrifiant.» Elle s'est effondrée en s'efforçant de retourner au travail quelques jours plus tard. Elle a ensuite essayé de travailler à la maison, mais elle est devenue de plus en plus malade au cours des trois mois qui ont suivi. Quand elle voulait faire bouillir de l'eau, elle attendait d'avoir besoin d'aller aux toilettes, parce qu'elle n'avait pas assez d'énergie pour sortir de sa chambre deux fois. Des amis et des parents faisaient ses courses et préparaient ses repas. Chaque matin, cependant, elle s'obligeait à se laver et à s'habiller, dans l'espoir que cela lui remonterait le moral.

Sa mémoire était tellement mauvaise qu'elle oubliait dans quelle direction elle allait quand elle s'arrêtait pour se reposer en chemin le long du corridor. Il lui fallait s'asseoir pour essayer de se rappeler. Outre ses pertes de mémoire et sa fatigue extrême qui fluctuait, elle ressentait des douleurs dans les muscles et les articulations, ses pieds transpiraient, elle faisait de l'indigestion, était maladroite, et souffrait d'une extrême sensibilité aux sons et à la lumière. Elle était incapable de regarder la télévision, parce qu'elle n'arrivait pas à suivre l'action. Elle a été hospitalisée pendant une semaine car elle était devenue tellement faible, qu'elle ne pouvait même plus bouger les bras et les mains. Même si elle avait le cerveau «en compote», elle ne se sentait pas passive — ce qu'elle a maintenant du mal à comprendre. Elle a cependant eu, à l'occasion, des crises de désespoir.

Tout au long de sa maladie, elle a bénéficié du soutien d'un médecin sympathique qui, à sa demande, lui a prescrit de l'huile d'onagre, et l'a appuyée quand elle a essayé l'homéopathie et les herbes chinoises. Après trois mois, cependant, sa famille était si inquiète qu'on l'a amenée vivre chez sa soeur, où des signes d'amélioration se sont manifestés environ deux mois plus tard.

Huit mois après être tombée malade, elle était de retour au travail à temps plein, mais elle a eu des rechutes au printemps et à l'automne. Au bout d'un an, elle a admis qu'elle n'arrivait pas à s'en sortir et elle a commencé à travailler à la maison une journée par semaine. Ses collègues pouvaient souvent la remplacer pour lui permettre de passer la «journée de travail» au lit à se reposer. Sa dernière rechute s'est produite au début de 1995, trois ans après le commencement de sa maladie. Elle travaille maintenant à la pige chez elle, et elle est complètement rétablie.

Jeanne croit que, qu'il est important de demeurer optimiste, quelle que soit la maladie dont on souffre. Il faut découvrir tout ce qu'on peut sur la maladie et ses remèdes possibles, mais on doit éviter de la laisser dominer notre vie. Elle admet que c'était souvent un objectif impossible, parce que les symptômes du SFC sont d'une nature pénible.

Selon Jeanne, le retour au travail peut être utile à la longue, quand la phase de guérison est bien amorcée, que les symptômes se sont stabilisés, et dans la mesure où l'on peut demeurer maître de son horaire ou de son rythme de travail. Le secret c'est de trouver l'équilibre convenable entre se pousser à la rechute et se laisser glisser dans une spirale d'inactivité. Jeanne croit que son mal de dos chronique lui avait appris à oublier sa douleur et à continuer à vivre, quoique cela puisse en même temps l'avoir encouragée à ne pas écouter son corps, et c'est peut-être pour cela qu'elle est tombée malade au départ.

CHAPITRE 2

Le corps et le syndrome de fatigue chronique

Le SFC est une maladie grave et complexe qui affecte plusieurs systèmes du corps humain. La recherche commence à confirmer la possibilité qu'il existe divers sous-groupes auxquels se rattachent différentes constellations de causes. Tandis que les experts se demandent si la cause est principalement physique (virus persistant accompagné d'une atteinte toxique, selon l'une des plus récentes théories), par opposition à émotionnelle (dépression et/ou dépendance aux symptômes), nous sommes forcés d'essayer de comprendre une myriade de résultats de recherches. En dépit des problèmes posés par les définitions du SFC, qui varient ou sont trop vagues, on commence à y voir un peu plus clair.

Il est important, tandis qu'on essaie d'assembler les pièces du casse-tête «physique», de retenir que celui-ci n'élimine pas la capacité de l'esprit de contribuer au processus de guérison. Il reste à savoir s'il peut suffire à lui seul.

Le système immunitaire

Le système immunitaire fait partie du système de défense du corps contre l'infection, bien que la peau, la digestion et les muqueuses tapissant les organes internes représentent les premières lignes de défense. Si vous êtes en santé, votre système immunitaire est constamment en alerte pour résister à tout ce qui peut vous faire du mal.

Ce que la recherche a démontré

- Des recherches ont démontré qu'il y a des problèmes relatifs à la façon dont le système immunitaire se comporte.

- Ces problèmes peuvent se manifester parallèlement à des anomalies dans le fonctionnement du système nerveux central — le cerveau et la moelle épinière.

- On constate, en lien avec ces problèmes, et sans doute à la base de ceux-ci, un dérèglement de l'hypothalamus, des glandes pituitaires et des glandes surrénales — qu'on appelle aussi l'axe hypothalamo-hypophyso-surrénalien (le système qui gère le stress et les émotions).

- Derrière cela, ce qui nous amène au plus petit élément du corps humain, il y a une possibilité de mauvais fonctionnement dans les mitochondries, la centrale électrique de la cellule.

Le dérèglement du système immunitaire peut être causé par divers facteurs, allant de la faiblesse héréditaire aux déficiences nutritionnelles, à l'infection ou au stress prolongé. Par exemple, une étude a démontré que la sécrétion de l'IgA, une partie de la protection immunitaire du corps dans la muqueuse intestinale, était réduite chez les étudiants qui préparaient et passaient des examens. Le retour à la normale prenait trois semaines.

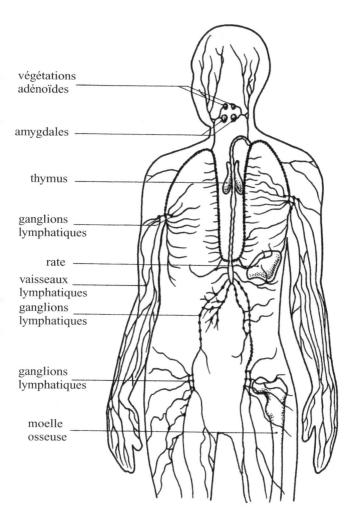

Figure 1. Le système immunitaire

Il peut se produire, simultanément, un défaut de fonctionnement et un excès de fonctionnement dans diverses parties du système immunitaire, ce qui peut s'expliquer par l'inefficacité du système quand il est continuellement en alerte. Il est courant chez les personnes atteintes du SFC de ne pas développer de rhumes, parce qu'elles ne peuvent pas combattre l'infection — la production de catarrhe ou de mucus en cas de rhume est un signe que votre système immunitaire travaille à combattre l'infection. D'un autre côté, et parfois en même temps, on constate des indices d'hyperactivité du système immunitaire chez certaines personnes atteintes du SFC, à cause de taux élevés de cytokines (sous-produits de la fonction immunitaire) dans le sang. Les réactions allergiques sont un autre effet du dérèglement de la réponse immunitaire. Les allergies multiples sont courantes dans les cas de SFC, que ce soit à différents aliments ou aux substances chimiques dans l'environnement.

Le système nerveux

Notre conscience, notre individualité, nos pensées, nos sentiments et nos actions dépendent en grande partie du système nerveux central. Celui-ci est essentiel à la perception sensorielle, à la sensation de douleur et de plaisir et au contrôle des muscles et des mouvements. Il règle les fonctions corporelles, comme la respiration, les battements du coeur et la digestion. La langue et la mémoire passent également par lui.

Le système nerveux central est principalement situé dans le cerveau et la moelle épinière, et il contrôle tous les tissus nerveux dans les autres parties du corps. Le système nerveux périphérique se compose des nerfs qui sont reliés au système nerveux central et des ganglions qui sont des groupes de cellules nerveuses situées à divers endroits du système nerveux.

Les parties actives du système nerveux consistent en des millions de cellules nerveuses reliées les unes aux autres qu'on appelle neurones. Les neurones ont pour fonction de recevoir des signaux dans une partie du système nerveux et de les transmettre à une autre, où ils peuvent être retransmis à d'autres neurones, ou de réaliser une action. Le système nerveux central fonctionne un peu comme un «panneau de contrôle» qui régit les entrées et les sorties d'impulsions électriques afin de coordonner toutes les activités du corps, y compris celles dont le contrôle est chimique. Les vibrations de ces impulsions électriques aident à activer ou désactiver les processus nécessaires au fonctionnement sain du corps.

L'hypothalamus (voir pages 43-44) contrôle le système nerveux autonome — la respiration, les battements du coeur et la digestion — et réagit à toute information sur les variations, par exemple, dans la chimie du corps. L'augmentation du rythme cardiaque nécessaire pour fournir plus d'oxygène au sang pendant un exercice est un exemple du contrôle exercé sur le système nerveux autonome par l'hypothalamus. L'hypothalamus est également étroitement lié à la partie du cerveau qui gère les émotions, le système limbique.

Selon certaines études, le système nerveux a un lien avec le SFC. Des expériences réalisées avec des souris ont étayé l'idée que la fatigue pouvait résulter de la production de cytokine dans le système nerveux central. Les cytokines contribuent à tuer les cellules infectées et un taux élevé de cytokine dans le sang indique la présence d'une infection virale. De plus, les dérèglements cognitifs associés au SFC — c'est-à-dire les troubles de mémoire, les difficultés d'élocution, les problèmes de vision et de perception de l'espace, les maux de tête anormaux, le manque de suite dans les idées, les rêves impressionnants et troublants — pourraient tous être reliés à des problèmes situés dans le cerveau et le système nerveux central.

Le cerveau

La fonction du cerveau influence directement la fonction immunitaire, soit par les hormones dans le système sanguin, soit par les nerfs. Des tests réalisés sur certains patients atteints du SFC ont révélé des anomalies compatibles avec un dérèglement du cerveau, même si ceux-ci ne souffraient pas d'une dépression clinique.

D'autres études ont démontré que les personnes atteintes du SFC et affectées par des troubles cognitifs importants avaient un système immunitaire plus déficient que celles qui avaient moins de problèmes cognitifs. Il n'a pas été démontré que la dépression en était la cause. Certaines études ont révélé un dérèglement des fonctions cognitives chez des patients atteints du SFC qui n'avaient pas de maladie. Ces études en concluaient que le dérèglement cognitif dans les cas de SFC ne s'expliquait pas uniquement par la présence d'une maladie.

D'un autre côté, certains experts médicaux allèguent que les symptômes de troubles cognitifs graves, comme les problèmes de mémoire, d'attention et de concentration, démontrent que le SFC est avant tout une maladie, et donc que des facteurs l'entretiennent, même si la maladie est déclenchée par un facteur viral.

Le cerveau peut être divisé en trois régions différentes: le cerveau postérieur, le cerveau moyen et le cerveau antérieur. Le cervelet, dans le cerveau postérieur, s'occupe principalement du contrôle inconscient des mouvements; il envoie des signaux aux muscles pour le maintien de la posture et de l'équilibre, et il coordonne les mouvements du corps avec les régions motrices des hémisphères cérébraux. Les personnes atteintes du SFC ont des problèmes de démarche, et leurs mouvements sont différents de ceux des autres. En fait, l'un des tests concernant le SFC utilise la démarche.

Le tronc cérébral, qui relie le cerveau à la moelle épinière, est particulièrement affecté dans le SFC. Soulignons que le tronc cérébral se compose d'une partie du cerveau postérieur, de tout le cerveau moyen et d'une partie du cerveau antérieur. Tous les messages qui entrent et qui sortent s'y rejoignent et le traversent — ils le traversent, parce que le côté gauche du corps est gouverné par le côté droit du cerveau, et vice versa.

De nombreuses études réalisées au moyen de gamma-encéphalogrammes sophistiqués ont démontré qu'une réduction du débit sanguin dans le tronc cérébral intervient dans les cas de SFC. Le même test effectué auprès de personnes atteintes de dépression, mais non du SFC, donnait un tracé différent. Le tronc cérébral est important, parce qu'il contrôle le rythme cardiaque, la tension artérielle, la déglutition, la toux, la respiration et l'inconscience. La réduction du débit sanguin affecte sérieusement le fonctionnement du cerveau dont les besoins énergétiques sont beaucoup plus élevés que pour n'importe quelle autre partie du corps.

Le cervelet, qui est divisé en deux hémisphères, est essentiel à la pensée, à la mémoire, à la conscience et au processus mental supérieur. Le thalamus, qui fait partie du cerveau moyen, joue un rôle d'émetteur entre la moelle épinière et les hémisphères cérébraux. Dans le thalamus est situé le système limbique, qui joue un rôle important dans la mémoire, l'apprentissage et les émotions. Sous le thalamus se trouve l'hypothalamus. Des recherches ont démontré que les patients atteints du SFC avaient des troubles de mémoire considérables, beaucoup plus graves en fait que ce que laissaient entendre les critères élaborés par les Centers for Disease Control des États-Unis. Cette caractéristique est compatible avec un dysfonctionnement temporal-limbique et est très différente de ce que l'on retrouve chez les sujets témoins dépressifs ou normaux.

Les hormones et le système endocrinien

Les hormones sont des messagers chimiques qui voyagent dans le courant sanguin. Elles régulent les réactions automatiques et relient les fonctions corporelles. Elles forment une partie de notre système endocrinien, lequel travaille en collaboration étroite avec le système nerveux et nous garde «en accord» avec nous-même et avec notre environnement.

Les hormones sont également manufacturées dans des tissus glandulaires situés dans certains organes, comme les intestins et les poumons. La fonction des hormones est principalement de contrôler les trillions de cellules qui composent le corps humain. Ainsi, par exemple, la fonction de l'hormone thyroïdienne est de déterminer le taux selon lequel les cellules utilisent les substances alimentaires et dégagent l'énergie. Les neurotransmetteurs agissent également comme hormones et vice versa.

Le rôle de l'hypothalamus

L'hypothalamus, situé à la base du cerveau, a des liens avec le cerveau moyen. Il relie le système nerveux et les glandes endocrines. L'une de ses plus importantes fonctions est de transmettre des impulsions et des stimuli entre le cerveau et certains organes comme les reins. L'hypothalamus joue un rôle à l'égard de certaines fonctions vitales, comme l'alimentation, le sommeil et la thermorégulation, qui sont toutes affectées par le SFC.

De nombreuses personnes atteintes du SFC développent des intolérances alimentaires et des problèmes digestifs. Souvent, des diagnostics de syndrome de côlon irritable, avec nausées, gaz et ballonnements, diarrhée, crampes abdominales et constipation, sont posés avant que le SFC ne soit finalement diagnostiqué. Les troubles du sommeil comprennent la difficulté à s'endormir, le réveil matinal ou les réveils fréquents durant la nuit. Le problème est que le fait d'augmenter les activités pour favoriser le sommeil peut également entraîner une rechute, mais que le repos complet n'est pas recommandé non plus.

Les personnes atteintes du SFC deviennent extrêmement sensibles à la chaleur et au froid; elles essaient parfois de compenser la perte de chaleur en portant des chapeaux à l'intérieur. Certaines disent souffrir de températures subfébriles et de sueurs nocturnes, surtout dans les parties supérieures du corps. Si vous serrez la main d'une personne atteinte du SFC un jour d'été, vous pouvez être surpris par la sensation de froid ressentie à son contact. Qu'il s'agisse d'une sensation extrême de chaud ou de froid, le thermostat semble défectueux, et cela peut venir de l'hypothalamus.

L'hypophyse

L'hypophyse, située à la base du cerveau, est reliée à l'hypothalamus. Ils travaillent ensemble à contrôler de nombreux aspects du métabolisme du corps (son processus de maintien de la vie). L'hypophyse ne produit pas seulement ses propres hormones, elle affecte aussi la production hormonale d'autres glandes.

Les deux hormones hypophysaires qui se sont révélées déséquilibrées dans les cas de SFC sont la prolactine (en excès) et l'hormone de croissance (déficiente). Quatre-vingt pour cent de l'hormone de croissance est produite durant la phase la plus profonde du sommeil, qui est souvent absente dans le SFC; cette hormone a un effet direct sur la réparation et la régénération des muscles — or, le SFC s'accompagne souvent de douleurs musculaires et de secousses musculaires involontaires.

La thyroïde

La glande thyroïde se trouve dans le cou, juste au-dessous du niveau du larynx. L'hormone thyroïdienne est la thyroxine, dont l'effet général est de contrôler la quantité d'énergie que la cellule utilise et la quantité de protéines qu'elle manufacture; elle est essentielle à la vie.

Les surrénales

Les glandes surrénales se trouvent juste sous les reins. L'adrénaline et la noradrénaline sont des hormones sécrétées à partir du centre de la glande et elles sont utilisées par le corps pour affronter un danger ou un stress. Il n'est pas surprenant que les glandes surrénales soient étroitement liées au système nerveux. Quand des signaux sont donnés pour augmenter la production d'adrénaline, le sang et l'énergie sont réduits dans les fonctions non essentielles, comme la digestion, et dirigés vers le coeur et les muscles.

De nos jours, une grande part de notre «sensibilité» au danger ne résulte pas d'une menace physique, mais d'une pression émotionnelle, particulièrement d'un stress que nous nous croyons incapables de maîtriser. Les problèmes dans la production d'adrénaline surviennent quand ces «dangers» placent le corps constamment en alerte.

Il arrive à peu près à chacun de ressentir dans sa vie les effets d'une insuffisance surrénale, généralement après une infection bactérienne ou virale, ou après un stress mental ou émotionnel. L'insuffisance surrénale ou l'épuisement surrénal sont favorisés par les carences alimentaires, aussi bien que par le stress constant. Quand nos glandes surrénales ne suffisent pas à la tâche, nous avons recours à des stimulants — thé, café, cigarettes, alcool, drogues — ce qui ne fait qu'envenimer le problème, parce que ceux-ci entraînent un épuisement surrénal et que la fatigue empire. Parmi les autres symptômes d'épuisement surrénal, notons l'hypotension artérielle, les problèmes de circulation, la sensation de froid ou de brûlure aux mains et aux pieds, la somnolence diurne, l'insomnie la nuit, l'augmentation du rythme cardiaque, l'arythmie et la confusion.

L'une des fonctions de l'adrénaline est de réduire les taux d'acide lactique. L'acide lactique est produit par l'activité physique et la respiration superficielle. Un excès d'acide lactique cause la fatigue, la dépression et la léthargie. Or, il a été démontré que les personnes atteintes du SFC produisent de l'acide lactique en excès.

L'enveloppe extérieure des glandes surrénales, le cortex, libère une série d'hormones qu'on appelle stéroïdes. Les plus importantes sont l'aldostérone, qui règle la rétention d'eau dans le corps, et la cortisone. Durant les périodes de stress prolongé, la demande de cortisone augmente et l'hypophyse sécrète l'hormone ACTH pour en stimuler la production. Cependant, l'augmentation des besoins en cortisone entraîne avec le temps une réduction de la production. Le lien entre le stress, le système nerveux et le système immunitaire est donc très fort.

Il semble que, dans certains types de SFC, il y aurait un dérèglement de l'activité de l'axe hypothalamo-hypophyso-surrénalien qui entraînerait une diminution de la production de la cortisone et empêcherait les surrénales de répondre aux demandes qui leur sont adressées. Les recherches les plus approfondies réalisées sur le fonctionnement de l'axe hypothalamo-hypophyso-surrénalien chez les personnes atteintes du SFC ont démontré que ces personnes souffraient d'importants troubles de mémoire. Cette caractéristique est compatible avec un dysfonctionnement temporal-limbique et est très différente de ce que l'on retrouve chez les sujets témoins dépressifs ou normaux.

La fonction musculaire, le métabolisme énergétique et l'apport en oxygène

Les cellules nerveuses transmettent des messages venant des muscles ou y allant alors que les cellules sanguines jouent un rôle vital dans le transport de l'oxygène nécessaire pour réaliser ce processus. L'ATP en est un élément essentiel; il s'agit d'un catalyseur chimique qui aide à produire de l'énergie dans chaque cellule vivante. Sans oxygène, l'ATP n'est produite qu'en petites quantités et l'acide lactique s'accumule, laquelle, on l'a vu, cause la fatigue. Durant une activité intense où l'apport en oxygène est faible, les muscles produisent de l'acide lactique, ce qui réduit davantage l'énergie et la force. C'est ce que nous ressentons quand nos muscles sont douloureux après un exercice soutenu.

On a constaté chez les personnes atteintes du SFC la présence excessive d'acide lactique, même quand les muscles ne sont pas utilisés à l'excès. Fait intéressant à noter, la recherche a démontré que ces personnes consacraient une proportion d'énergie plus élevée que les autres à ce qu'on appelle «les forces de repos», c'est-à-dire l'énergie nécessaire simplement pour rester assis, digérer et accomplir les fonctions corporelles normales.

Chez les personnes saines, plus de la moitié de l'énergie est dérivée du métabolisme aérobie des graisses, le reste venant des hydrates de carbone et des protéines. Les graisses génèrent environ deux fois plus d'énergie par gramme que les hydrates de carbone et les protéines. Les hydrates de carbone deviennent la principale source d'énergie uniquement quand l'exercice épuise les limites du métabolisme des graisses à l'occasion d'un effort anaérobie. Ils sont principalement emmagasinés dans les tissus musculaires et le foie sous forme de glycogènes, en quantités très limitées comparativement aux graisses.

Des tests ont révélé que de nombreuses personnes atteintes du SFC utilisent l'énergie anaérobie en quelques minutes de marche lente, et des tests concernant spécifiquement le métabolisme ont démontré que plusieurs d'entre elles obtiennent 80 pour cent de leur énergie au repos des hydrates de carbone. La recherche indique que les personnes atteintes du SFC ont un métabolisme anaérobie insuffisant et que rester en position assise et marcher lentement équivaut pour elles à courir à toutes jambes.

Dans le même ordre d'idée, des expériences ont démontré que de nombreuses personnes atteintes du SFC ont une consommation d'oxygène réduite, qui est un indice de la capacité respiratoire ou de l'aptitude du corps à utiliser l'oxygène. Cette consommation réduite est équivalente à celle d'une personne qui souffre d'emphysème ou d'une personne âgée de 70 ans affligée de troubles cardiaques. On croit que

cet état est lié à un dysfonctionnement mitochon-
drial: la substance chimique principale qui contribue
au transport des graisses jusqu'à la membrane cellulaire pour qu'elles soient transformées en énergie
cesse de fonctionner.

L'efficacité des impulsions électriques dépend
d'un équilibre adéquat des ions de sodium et de
potassium — des molécules de métal qui ont une
charge électrique — à l'intérieur et à l'extérieur des
membranes cellulaires. Sans cet équilibre, il peut
devenir plus difficile pour les membranes de
produire l'impulsion électrique, ce qui entraîne la
fatigue. Les taux de potassium dans le sang s'élèvent
durant l'exercice, car ils sont libérés par les muscles;
ils diminuent par la suite et sont redistribués dans le
corps. Le potassium contribue, avec le sodium, à
maintenir la capacité du système nerveux d'envoyer
des messages; il est donc essentiel au fonctionnement des nerfs et des muscles. Le manque de
potassium causé par la diarrhée et le vomissement
peut entraîner une paralysie musculaire.

Des recherches australiennes ont démontré que
les personnes atteintes du SFC ont un taux global de
potassium dans le corps beaucoup moins élevé que
les sujets témoins. Le relâchement de potassium
dans le sang par les muscles est considérablement
retardé chez les personnes atteintes du SFC. Selon
les chercheurs, cela peut contribuer à la fatigue dans
les cas de SFC.

La respiration

Au repos, l'adulte devrait idéalement respirer légèrement et superficiellement, seulement par le nez. La plupart des gens croient qu'ils respirent superficiellement, alors qu'en fait ils respirent très profondément. En réaction au stress, qu'il soit physique ou émotionnel, notre rythme cardiaque s'accélère et nous respirons plus profondément. Quand nous faisons de l'hyperpnée ou de l'hyper-ventilation, nous perdons une précieuse quantité de gaz carbonique. Comme le gaz carbonique règle le départ de l'oxygène du sang, une réduction de gaz carbonique entraîne une diminution de l'oxygéna-tion des tissus et des organes vitaux, ce qui en retour affecte le système immunitaire et le système nerveux. Un cercle vicieux s'installe alors parce que le centre respiratoire du cerveau est affecté, ce qui provoque une nouvelle augmentation du rythme respiratoire et une plus grande perte de gaz carbonique. Une déficience en gaz carbonique peut causer de l'irritabilité, de l'insomnie, des problèmes de stress, de l'anxiété injustifiée et des problèmes de digestion.

L'hyperventilation est parfois un facteur impor-tant dans la perpétuation du SFC et plusieurs des symptômes qui accompagnent la déficience en gaz carbonique se retrouvent également dans le SFC. Un certain nombre de médecins et de praticiens essaient de soulager le SFC en traitant l'hyperventilation grâce à des techniques de respiration appropriées.

L'hypothèse virale persistante liée à la toxicité chimique

Il est intéressant de noter que la faiblesse des muscles chez les personnes qui ont survécu à la polio augmente de façon notable quand il fait froid, à tel point qu'à une température de 20 °C les muscles se conduisent comme s'ils étaient à 13 °C. Le docteur Richard Bruno, un spécialiste en psycho-physiologie clinique, a relié ce fait à un trouble du système nerveux autonome et de l'hypothalamus, causé par une atteinte virale au cerveau. Les symptômes du syndrome post-polio et du SFC sont identiques, ce qui permet de penser, selon le docteur Bruno, que le processus des deux maladies est le même; d'ailleurs, les mêmes régions du cerveau sont affectées, ainsi que l'ont démontré certains gamma-encéphalogrammes.

Les spécialistes de la neurologie s'entendent sur le fait que de subtiles perturbations de la chimie du cerveau, particulièrement de l'hypothalamus, sont présentes dans le SFC. Ils soupçonnent que celles-ci puissent être causées par un virus persistant, mais peut-être aussi par des substances chimiques toxiques pour le cerveau. Les virus causant des perturbations neuronales échapperaient au système immunitaire du corps, en se servant de trucs chimiques pour déjouer les détecteurs de virus dans la cellule.

Bien que les recherches soient loin d'être terminées, il peut être utile pour le moment d'envisager que les causes sont multiples et interviennent simultanément ou l'une après l'autre. La perméabilité anormale de la barrière hémato-encéphalique, comme dans la sclérose en plaques, permet à des substances chimiques toxiques ou à des virus d'accéder aux cellules sensibles du cerveau. En effet, les atteintes aux membranes cellulaires du cerveau peuvent avoir été causées à l'origine par des substances chimiques qui ne font normalement pas partie du corps. Le système immunitaire commence à se dérégler, de sorte que l'activité virale devient plus difficile à éliminer. Certaines personnes peuvent avoir des réactions allergiques à certains polluants et d'autres une capacité de détoxication réduite. Le corps subit alors les conséquences décrites plus haut.

Évidemment, il s'agit-là d'une hypothèse. Toutefois, cela semble un moyen utile de relier la recherche déjà complétée avec les résultats préliminaires de la recherche toujours en cours. Dans d'autres sous-groupes de SFC — et il est important de se rappeler qu'il peut y en avoir plusieurs — il est possible que les facteurs émotionnels soient prédominants, mais cela n'empêche pas d'autres causes de coexister ou de s'appliquer dans d'autres cas. Les prochaines années permettront sans doute de trouver des réponses à ces questions et de mieux connaître cette maladie complexe. Pour le moment, plutôt que d'essayer de comprendre d'emblée le présent chapitre, concentrez-vous sur les prochains. Ils suggèrent des façons positives de faire face aux symptômes et à la maladie en général.

CHAPITRE 3

Les causes
et les facteurs de risque

Au départ, les chercheurs pour qui les causes du SFC n'étaient pas uniquement émotionnelles concentrèrent leurs efforts sur la recherche d'un virus. Ils admettent aujourd'hui que le SFC, bien qu'il agisse comme une maladie virale parce que les symptômes apparaissent et disparaissent, n'est sans doute pas déclenché uniquement par un virus. En fait, il est possible que le virus ou les virus agissent parce que le corps est déjà par ailleurs affaibli. Plusieurs recherches publiées indiquent la présence d'un dérèglement toxique causé par des substances chimiques dans notre environnement. Nous découvrirons peut-être également que le stress joue un rôle important dans l'affaiblissement de nos défenses, permettant ainsi au SFC de se développer.

Étant donné que le SFC est vraisemblablement une maladie à causes multiples, les facteurs suivants ont été considérés comme des éléments contributifs, leurs combinaisons variant selon la personne et ses antécédents particuliers:

- l'hérédité
- l'infection virale
- l'exposition à des substances chimiques et la toxicité

- le style de vie — le stress émotionnel et l'alimentation
- les immunisations
- les allergies et l'intolérance à certains aliments
- l'utilisation excessive d'antibiotiques
- l'amalgame des plombages
- l'infection chronique non diagnostiquée
- le stress géopathique et les radiations de faible intensité
- les traumatismes consécutifs à une chirurgie, à des accidents ou à des événements stressants
- l'hyperventilation

L'hérédité

Nos caractéristiques externes sont déterminées par nos gènes héréditaires. Il en est de même de notre système immunitaire. Dans la médecine homéopathique, notre constitution est certainement aussi importante que les symptômes spécifiques. Or, des études génétiques ont révélé des faiblesses communes chez les patients atteints du SFC. Cela ne signifie pas que l'on ne puisse rien faire pour éviter de tomber malade ou pour guérir; il y a beaucoup d'autres facteurs qui contribuent à notre bien-être et que nous pouvons maîtriser.

L'infection virale

On soupçonne fortement les virus de causer le SFC, à cause des liens historiques entre le SFC et les épidémies de polio, et parce que la maladie commence généralement par une infection (que l'on considère souvent banale quand elle se produit). L'existence de régions où l'on constate des incidences élevées du SFC, par exemple le sud-ouest de l'Écosse, suggère que l'infection peut jouer un rôle. Toutefois, bien que l'infection puisse déclencher des manifestations épidémiques de sorte que certaines personnes développent le SFC, cela ne signifie pas qu'il s'agisse d'une maladie infectieuse en soi.

Il semble que certains entérovirus (polio, Coxackie A et B et autres) soient capables d'infecter une grande quantité de cellules spécialisées et de tissus. On sait que les entérovirus peuvent affecter les muscles et les nerfs, qui sont les tissus principalement touchés par le SFC. Les dérèglements qui en résultent correspondent également aux symptômes du SFC. D'autres agents, particulièrement le virus Epstein Barr, l'influenza et la varicelle, peuvent également être activés dans certains cas de SFC. Les entérovirus se propagent par les excréments des personnes infectées, mais plusieurs d'entre nous sont porteurs du virus sans ressentir d'effets néfastes. D'une manière ou d'une autre, les conditions propices sont réalisées par le SFC pour que celui-ci soit activé.

Pourtant, si le SFC était contagieux, on pourrait s'attendre à ce qu'un nombre important de conjoints aient contracté la maladie. En fait, il est rare que cela se produise, même après un certain temps. Ainsi, le docteur Charles Lapp, de la ville de Charlotte, aux États-Unis, après avoir procédé à une analyse de sa pratique, a déterminé que l'incidence de la maladie chez les deux conjoints était d'environ six par 1 000, mais ces couples étaient tombés malades en même temps, ce qui permet de croire que ceux-ci avaient été exposés simultanément à quelque chose.

Certains virus peuvent produire une infection cachée, de sorte que les mécanismes de défense du corps ne se déclenchent pas. Ces infections sournoises peuvent causer des problèmes longtemps après que le virus a disparu.

L'exposition à des substances chimiques et la toxicité

La toxicité vient de l'air que nous respirons, lequel est pollué par des métaux lourds, des pesticides et des substances chimiques; elle vient aussi des agents de conservation présents dans les aliments, des poisons contenus dans le tabac, les drogues et l'alcool, de l'eau contaminée par des métaux lourds, et des médicaments. L'industrie chimique américaine libère à elle seule, chaque année, environ 400 kg de substances chimiques pour chaque personne dans le pays. Sans une saine alimentation, le corps a beaucoup de mal à se débarrasser des toxines, d'où la fatigue.

Il faut également se rappeler que le corps doit essayer d'éliminer les toxines naturelles, qu'on appelle les déchets métaboliques. Pour ce faire, il a besoin d'une bonne nutrition et d'exercice, ce que nos styles de vie sédentaires ne favorisent pas.

Les organophosphates

Des indices anecdotiques suggèrent que l'exposition à des substances chimiques synthétiques, incluant les solvants, les organophosphorés et les composés de pyridine, peuvent jouer un rôle dans le développement de certaines maladies. Mark Purdy, propriétaire d'une ferme laitière organique en Angleterre, effectue des recherches sur les effets de l'utilisation de substances chimiques en agriculture. Il soutient que les troubles nerveux dégénératifs, incluant certaines formes de SFC, peuvent être causés par les organophosphorés. Il fait observer que plusieurs personnes qui se sont révélées vulnérables au SFC portent également les gènes de la maladie de Gilbert, une maladie qui diminue la capacité du foie d'éliminer certains types d'organophosphorés et autres substances chimiques.

C'est principalement par les aliments que nous mangeons que les organophosphorés entrent dans notre organisme. Ils peuvent être présents dans le lait et ils sont parfois utilisés pour protéger les réserves de céréales contre les dommages causés par les insectes. Ils sont également vaporisés quelquefois sur les fruits et les légumes pour les empêcher de moisir.

Un certain nombre de cas de SFC ont été rapportés chez les travailleurs de la ferme qui ont été exposés aux organophosphorés. Dans les îles écossaises de Lewis et Harris, où il y a quatre fois plus de cas de SFC que dans le reste de l'Écosse, les 22 hommes et 40 femmes atteints du SFC avaient tous travaillé avec des organophosphorés dans des bains parasiticides pour moutons ou des fermes piscicoles. Ce lien possible fait l'objet d'une étude d'une durée de deux ans sur les organophosphorés utilisés dans les bains parasiti-cides pour moutons et leurs effets sur la santé humaine. Le docteur Sarah Myhill, qui exerce la médecine en milieu rural en Angleterre et soigne 1 800 personnes, identifie deux types de réactions possibles aux bains parasiticides pour moutons: d'une part les troubles neurologiques manifestes, comme dans le cas de la maladie de Parkinson; d'autre part, et c'est la majorité des cas, les symptômes neurologiques «bénins» et les symptômes du SFC. Selon elle, l'augmentation actuelle des cas de SFC est due à l'augmentation de la sensibilité des individus à l'exposition aux substances chimiques à faible dose.

L'un des symptômes du SFC est la sensibilité aux substances chimiques — et même l'incapacité de tolérer les matières chimiques domestiques utilisées dans les savons en poudre, les produits de nettoyage et les parfums. Le docteur Myhill observe que ses patients «problématiques» sont ceux qui souffrent d'une sensibilité aux substances chimiques ou d'une surcharge. Les soldats atteints du syndrome de la guerre du Golfe, qui manifestaient des symptômes similaires à ceux du SFC, avaient été exposés à un cocktail de substances chimiques multiples et elle note que ceux-ci présentaient les mêmes anomalies de la fonction endocrine.

Le style de vie

Le stress est une réponse du corps à des exigences perçues comme difficiles ou frustrantes, et la réaction à ce stress dans le corps n'est pas toujours reconnue. Le stress n'est pas causé uniquement par des facteurs externes; il est également généré à l'intérieur par nos espoirs, nos aspirations, nos croyances, nos attitudes et les attributs de notre personnalité. Par exemple, nous nous imposons parfois à nous-mêmes des exigences irréalistes, qui entraînent du stress en cas d'échecs, ou un épuisement physique quand nous continuons à user de nos forces, malgré notre besoin de repos.

Les sous-produits hormonaux du stress comprennent le cortisol et la prolactine. Le cortisol affaiblit le système immunitaire, dont la partie la plus vulnérable est le système muqueux, en particulier l'enveloppe protectrice du tube digestif. Si le système immunitaire est affaibli avec le temps par le stress, cela peut augmenter la charge et donc entraîner le SFC.

Certaines personnes atteintes du SFC reconnaissent qu'avant la maladie, elles vivaient des événements difficiles et avaient des réactions de stress. Ces personnes, pour guérir, doivent trouver de nouvelles façons de surmonter le stress, ce qui est difficile dans les cas de SFC, à cause de l'incapacité du corps de faire face au stress une fois qu'il a commencé à se manifester dans des problèmes de santé chroniques. (Le chapitre sur les efforts personnels contient des suggestions positives sur les moyens de surmonter le stress.)

Outre le stress émotionnel, nous soumettons notre corps à un stress quand nous faisons défaut de lui donner de bons aliments et une saine nutrition. C'est un aspect fondamental de notre contribution à la maladie. Les chapitres 5 et 7 proposent des lignes directrices visant l'amélioration de votre régime.

Les immunisations

Certaines personnes atteintes du SFC rapportent que leur maladie a commencé après une ou plusieurs vaccinations reçues sur une courte période de temps.

Certains experts croient que les effets à long terme des particules virales présentes dans le sang à la suite d'une vaccination pourraient déclencher le SFC quand les conditions s'y prêtent. La récente couverture médiatique accordée au syndrome de la guerre du Golfe, où on a laissé entendre que celui-ci pourrait avoir résulté de la juxtaposition des nombreuses vaccinations avec l'exposition aux produits chimiques, est intéressante. Cette théorie pourrait permettre de voir sous un nouveau jour le rôle de l'immunisation sur la santé, quand celle-ci est combinée à d'autres facteurs. Cependant, certains des médecins qui se concentrent principalement sur les facteurs émotionnels du SFC plutôt que sur l'environnement sont également parmi ceux qui mettent en doute l'existence du syndrome de la guerre du Golfe. De nouvelles recherches devraient régler ce désaccord au cours des prochaines années.

Les allergies et l'intolérance alimentaire

La fatigue peut être un des symptômes des intolérances alimentaires. Plusieurs personnes atteintes du SFC souffrent de divers types d'intolérances alimentaires, dont certaines existaient avant le SFC. Les intolérances alimentaires ont parfois un effet très lent; elles sont donc difficiles à détecter et elles affectent le corps de façon semblable au SFC. De toute évidence, en vous attaquant aux intolérances en évitant les aliments nuisibles, et en tentant de guérir la muqueuse gastrique qui peut être un facteur contributif, vous pourriez alléger le fardeau du stress nutritionnel susceptible d'empêcher la guérison du SFC.

Il existe de nombreuses théories sur l'augmentation de l'incidence des intolérances alimentaires: l'abus d'antibiotiques; la baisse de popularité de l'allaitement, qui a un lien avec l'immunité; la détérioration de la qualité des aliments que nous mangeons; l'acceptation presque universelle des vaccinations et leur effet sur l'immunité; l'augmentation de la pollution et l'environnement toxique; l'effet du stress sur la digestion.

Plusieurs personnes atteintes du SFC ont constaté que l'élimination de certains aliments est extrêmement bénéfique. Les coupables les plus courants sont les produits laitiers, le blé et la levure. Selon une étude publiée récemment dans la revue Lancet, trois patients sur cinq, parmi un échantillon de 53 patients atteints du SFC, ne toléraient pas le gluten qu'on trouve dans le blé, le seigle, l'orge et l'avoine. Quand ces aliments étaient éliminés de leur régime, certains des symptômes s'atténuaient. La sensibilité au gluten cause une inflammation de la membrane du petit intestin et des symptômes neurologiques résultant de la dégénérescence des nerfs périphériques et de la moelle épinière.

L'abus d'antibiotiques

Le problème de l'abus d'antibiotiques se présente sous deux aspects: premièrement, l'abus d'antibiotiques qui se produit quand nous en consommons à répétition; deuxièmement, l'exposition aux antibiotiques que nous subissons quand nous mangeons de la viande qui provient de l'élevage intensif. L'élevage industriel ne pourrait pas survivre sans le recours aux antibiotiques.

Aux États-Unis, en 1989, le docteur Carol Jessop a dévoilé des données recueillies auprès de 1 000 patients atteints du SFC. Quatre-vingt pour cent des patients avaient eu des traitements récurrents aux antibiotiques durant leur enfance, leur adolescence et leur vie adulte, pour des infections aux oreilles, au nez et à la gorge, de l'acné ou des infections de l'appareil urinaire. De plus, 60 pour cent avaient développé avec le temps une sensibilité à plusieurs antibiotiques. En tuant des bactéries nuisibles, les antibiotiques éliminent également des bactéries bénéfiques, ce qui en retour favorise la persistance de prolifération fongique (Candida). La membrane intestinale est alors endommagée, ce qui peut donner au virus un accès à d'autres parties du corps.

Plusieurs personnes atteintes du SFC souffrent également de prolifération fongique. Geoffrey Cannon, dans son ouvrage magistral sur la revanche de la nature (Superbug: Nature's Revenge), expose les dangers de l'abus d'antibiotiques et insiste sur l'importance des recherches sur leur rôle possible dans les cas de fatigue chronique grave. Plusieurs cas ont été rapportés concernant la guérison ou la quasi-guérison de personnes atteintes du SFC qui ont suivi un traitement pour la prolifération fongique.

L'amalgame des plombages

L'amalgame dentaire, utilisé pour les plombages depuis le début des années 1800, a longtemps été considéré inoffensif. Cependant, des études ont récemment démontré que les plombages libéraient continuellement des vapeurs de mercure, et que l'amalgame est la plus importante source d'exposition au mercure pour la population en général. Les vapeurs de mercure entrent dans le sang par la voie des poumons et des muqueuses de la bouche. Elles peuvent pénétrer les membranes cellulaires et traverser la barrière hémato-encéphalique. Certaines personnes peuvent être sensibles à ces infimes quantités de mercure et il a été démontré qu'elles affectent le système immunitaire et le métabolisme. Les infections déjà existantes peuvent empirer. Certains praticiens sont convaincus que leurs patients ont commencé à répondre aux traitements de leurs déficiences nutritionnelles et intolérances alimentaires une fois leurs plombages retirés.

Infections chroniques non diagnostiquées

Une recherche récente a démontré une prévalence anormalement élevée de sensibilité locale et générale aux infections dans les cas de SFC. On a trouvé des indices de contrôle immunitaire réduit ou instable, ou de réaction immunitaire différée relativement à des virus ou des bactéries persistants. Selon cette recherche, la maladie pourrait être déclenchée par des infections courantes ou des facteurs environnementaux.

Certains praticiens conviennent, en se basant sur les antécédents des patients, que les infections chroniques non diagnostiquées peuvent faire partie de la surcharge qui conduit au SFC. Des problèmes découlent couramment d'une prolifération fongique dans l'intestin (voir Chapitre 7), d'infections chroniques aux ongles, d'un Helicobacter pylori, qui cause de l'indigestion chronique et de l'acidité, d'une salpingite aiguë (infections mineures de l'utérus), d'une prostatite chez l'homme et de parasites intestinaux chroniques. Il arrive parfois que les infections bactériennes persistantes, par exemple dans les dents, les amygdales ou l'appendice, échappent à la détection.

Cependant, cet aspect du SFC est encore considéré comme marginal.

Le stress géopathique et les radiations de faible intensité

Nous reconnaissons tous les bienfaits de l'électricité, mais nous oublions souvent les risques qu'elle présente, au-delà des contacts directs avec elle sous forme de chocs. Les Russes ont été les premiers à établir l'existence possible d'un risque, quand ils ont constaté une incidence plus élevée de maladies chez les travailleurs exposés à des champs électriques. D'autres recherches démontrent qu'il y a 25 pour cent de plus de cas de leucémie chez les travailleurs exposés à des champs électromagnétiques puissants au travail. Par ailleurs, des scientifiques ont constaté que la pollution électromagnétique pouvait altérer les facultés mentales, causer du stress et affaiblir le système immunitaire.

Malgré un désaccord sur les degrés de danger, on s'entend généralement sur le fait que, selon la fréquence, les courants électriques peuvent contribuer tant à la santé qu'à la maladie, en affectant différentes fonctions du corps et du cerveau. Des preuves anecdotiques permettent de croire que certaines personnes atteintes du SFC sont extrêmement sensibles aux champs électromagnétiques, et que quelques-unes manifestent des réactions dans le voisinage des lignes d'énergie aériennes. D'autres semblent réagir à des degrés d'exposition nettement inférieurs à ceux qui affecteraient la majorité des gens.

Certains scientifiques et praticiens tentent de démontrer que la santé peut aussi être affectée par le stress géopathique. On entend par stress géopathique les effets néfastes causés à la santé par des champs d'énergie associés à un lieu particulier, en général un lieu où nous passons beaucoup de temps, à la maison ou au travail. Ces champs électromagnétiques sont créés par des cours d'eau souterrains, certaines concentrations minérales, des lignes de faille et des cavités souterraines.

Un expert anglais, qui s'est rendu dans les foyers de 3 000 personnes atteintes du SFC, a constaté que les effets du stress géopathiques étaient plus importants quand ils étaient combinés à une exposition à des champs électromagnétiques dans la maison, comme les radios-réveils à la hauteur de la tête, les lits en métal et les sommiers à ressort, les couvertures électriques, les radiateurs et les transformateurs. La plupart des médecins croient que cette théorie ne mérite pas qu'on s'y attarde sérieusement et il se peut, en effet, qu'elle n'ait aucune pertinence. Néanmoins, si après avoir tout essayé, vos problèmes persistent, il pourrait valoir la peine de vous pencher sur cette cause contributive possible, quoique non démontrée. Essayez de coucher dans un lit de bois, de dormir dans une chambre où aucun équipement électrique n'est branché et d'utiliser des bouteilles d'eau chaude plutôt que des couvertures électriques.

Ces mesures vous aideront peut-être à «nettoyer» votre environnement et à diminuer le fardeau.

Les traumatismes

Le SFC se déclenche abruptement dans 75 à 90 pour cent des cas. Bien que le syndrome soit le plus fréquemment déclenché par une maladie comme la grippe, il arrive à certaines personnes d'être poussées à bout par des événements traumatisants, comme une chirurgie, un accident ou une blessure. Une combinaison d'incidents stressants, comme un deuil, une perte d'emploi ou un déménagement, peut également contribuer à une surcharge qui déclenche le SFC.

L'hyperventilation

La plupart des gens ont tendance, au repos, à respirer trop profondément. Cela peut causer et perpétuer les symptômes du SFC, (Voir la section sur la respiration, p. 50).

Ce que cela signifie pour les personnes atteintes

Les causes énumérées ci-dessus proviennent principalement de l'environnement, de votre style de vie, de vos antécédents médicaux et de votre réaction au stress. Ce qui est bien, c'est que l'insistance sur ces causes montre que vous avez de nombreuses possibilités de vous aider vous-même. En dehors de cela, bien sûr, vous avez toujours le problème de trouver de l'aide. Le prochain chapitre décrit les premiers stades du SFC, c'est-à-dire le diagnostic et les traitements généralement proposés par la médecine conventionnelle.

CHAPITRE 4

Les interventions et les traitements conventionnels

La doctrine officielle

Selon la position officielle de la médecine conventionnelle, bien que la personne atteinte du SFC ait pu avoir une grippe au départ, les problèmes ont commencé parce que, pour diverses raisons dites émotionnelles, les symptômes ont persisté. En Angleterre, dans certains articles de revues médicales, on reproche aux médias et aux groupes d'aide aux patients de dire aux gens quels symptômes ils doivent s'attendre à éprouver — ceci impliquerait que les symptômes du SFC se manifestent à partir du moment où la personne apprend leur existence dans les médias.

Il existe des personnes qui adoptent ce type de comportement, que les médecins appellent somatisation. Elles peuvent avoir de la difficulté à reconnaître leurs propres sentiments et avoir tendance à éprouver des symptômes physiques plutôt que de la peur, de la colère ou de la tristesse. Parfois, elles répriment certains événements traumatisants et le corps entretient la tension, ce qui provoque les symptômes et la fatigue. Ces personnes peuvent tomber malades et devenir plus vulnérables à la maladie. L'hyperventilation et la dépression peuvent également en résulter.

Les groupes d'aide aux patients s'opposent à l'argument de la somatisation, quand celui-ci met de l'avant de traiter le SFC par l'exercice sans tenir compte des capacités des personnes atteintes du SFC ou par de fortes doses de médicaments, que les patients ne tolèrent généralement pas. Le problème de communication entre les médecins qui adoptent le point de vue de la somatisation et les patients qui souhaitent obtenir une confirmation que leurs symptômes sont «réels» peut susciter des tensions et des sentiments d'incompréhension. Le besoin de recevoir un bon soutien émotionnel est vital pour les personnes atteintes du SFC.

La dépression et le SFC

La dépression ne semble pas être la cause du SFC, bien qu'elle en partage des caractéristiques communes et qu'elle puisse en résulter. Les symptômes énumérés ci-dessous sont communs à la dépression et au SFC.

- la fatigue
- l'agitation et la nervosité
- l'insomnie ou l'excès de sommeil
- les variations de poids
- les troubles de concentration
- la léthargie
- la diminution de la libido
- la baisse de l'activité
- la perte d'intérêt ou de plaisir dans la vie

Le fait que ces symptômes soient communs aux deux maladies ne doit toutefois pas faire oublier les différences considérables qui les séparent. Les voici:

- Le SFC commence la plupart du temps par une maladie semblable à la grippe. Or, ce n'est pas le cas de la dépression, qui se manifeste en général graduellement. Quand la dépression est soudaine, elle fait partie d'un trouble (maniaque) bipolaire, qu'on ne trouve pas dans le SFC.
- La majorité des personnes atteintes du SFC n'ont pas d'antécédents de dépression majeure.
- Alors que les éclosions locales du SFC sont courantes et qu'il se manifeste parfois sous forme épidémique, ce n'est pas le cas de la dépression, qui est un problème tout à fait individuel.
- Les symptômes caractéristiques de la dépression, comme les tendances suicidaires, la culpabilité, le pessimisme et le sentiment d'échec sont inhabituels chez les personnes atteintes du SFC.
- Tandis que les personnes dépressives ne veulent pas être actives, la plupart des personnes atteintes du SFC veulent l'être, mais en sont physiquement incapables.
- Chez les personnes atteintes du SFC, l'exercice est particulièrement difficile et épuisant, et il peut même provoquer des rechutes; par contre, l'exercice fait généralement beaucoup de bien aux personnes dépressives.
- Le SFC a tendance à persister pendant des années même s'il est traité, ce qui n'est habituellement pas le cas de la dépression.
- Les anomalies du système immunitaire et les troubles cognitifs présents dans le SFC ne se retrouvent pas dans la dépression.

- La recherche sur le débit sanguin cérébral démontre que le SFC et la dépression affectent des régions différentes du cerveau.
- Les personnes atteintes du SFC ont souvent une faible tolérance à l'alcool, ce qui n'est pas le cas des personnes dépressives.

Dans les cas de SFC, il est important de reconnaître qu'il est possible que la dépression ou l'anxiété se développent du fait qu'il est éprouvant d'avoir une maladie aussi débilitante, dont les causes et les traitements sont inconnus. Les conséquences possibles, comme la perte de son emploi, de son conjoint ou de sa carrière, ou les expériences négatives avec des professionnels de la santé, contribuent également à la naissance de problèmes émotionnels réactionnels.

Le Royal Colleges Report on CFS (1996) a conclu que les personnes qui manifestaient le plus de symptômes, soit une fatigue plus profonde, une plus grande incapacité et une maladie prolongée, présentaient également des troubles émotionnels plus prononcés. Selon ce rapport, les preuves concernant les troubles des fonctions endocriniennes et immunitaires n'étaient pas convaincantes, non plus que celles concernant des anomalies fonctionnelles ou structurales du cerveau ou des muscles. Cependant, le rapport a été critiqué des deux côtés de l'Atlantique pour avoir examiné les données de manière incomplète et pour avoir volontairement retenu les recherches susceptibles de «valider» la théorie, selon laquelle les causes du SFC sont de nature émotionnelle. Le chapitre 2 présente d'autres recherches dont les conclusions offrent un tableau différent. Malgré ces divergences d'opinions entre

les experts sur les causes du SFC, un nombre crois-
sant de praticiens de la médecine traditionnelle
admettent le modèle à causes multiples.

Les problèmes de diagnostic

Nous supposons automatiquement que nos problèmes de santé peuvent être réglés par une personne
qui a une formation en médecine ou dans les techniques de guérison. Malheureusement, dans le cas
du SFC, les choses ne sont pas aussi simples. En ce
qui concerne le diagnostic et l'acceptation, il n'y a
pas de voie clairement définie, et la réaction varie
selon les médecins — certains ne suggèrent même
pas de traitement. Cela peut vous prendre un certain
temps avant de faire face à votre situation, et encore
davantage avant d'obtenir un diagnostic. Par ailleurs,
quel que soit l'expert retenu, vous devrez travailler
en collaboration avec lui et poser des jugements sur
l'utilité de l'approche qu'il propose. Vous devrez
également apprendre à vous aider vous-même.

Quand vous déciderez de découvrir ce que signifient tous ces symptômes que vous ressentez, vous
serez peut-être découragé par le peu d'informations
— ou les informations contradictoires — dispo-
nibles. Votre médecin n'aura rien appris pendant ses
études sur ce syndrome, parce qu'il n'a été reconnu
que récemment. Et même les médecins qui connaissent l'existence du SFC ont peu de chance d'avoir eu
le temps de lire les conclusions des recherches les
plus récentes.

En dépit de ces problèmes, vous devez obtenir un
diagnostic pour éliminer toute autre explication
possible de vos symptômes. Selon une étude réalisée

à Dundee, un tiers des patients qui avaient obtenu de leur médecin un diagnostic de SFC souffraient en fait d'autres maladies, que révélaient des examens exhaustifs effectués en clinique et en laboratoire. Le premier chapitre contient une liste d'autres maladies dont la possibilité doit être écartée.

Le diagnostic

Il n'y a actuellement aucun test spécifique pour le SFC — les tests courants révèlent des résultats «normaux». Les médecins qui s'appuient sur les tests plus que sur la description des symptômes auront de la difficulté à conclure à l'existence d'un problème physique.

Il existe une certaine controverse sur le moment où un diagnostic de SFC peut être posé. On croit généralement que, si la personne n'a pas la maladie depuis au moins six mois, le diagnostic est prématuré. D'un autre côté, le fait d'attendre si longtemps risque de causer des dommages à long terme, parce que les malades ne disposent d'aucun renseignement sur les moyens de gérer la maladie. Dans le cas des enfants, on recommande maintenant que le diagnostic soit posé après trois mois, plutôt que six.

Les tests suivants peuvent vous être administrés:

- tests hématologiques, numération globulaire et formule leucocytaire;
- tests de la fonction thyroïdienne;
- tests immunologiques;
- vérification des indices de dépression primaire;
- vérification de la présence de problèmes d'anxiété;
- investigation du syndrome d'hyperventilation;

- autres tests relatifs à toutes causes pathologiques de la fatigue qui soient vraisemblables selon les antécédents et les examens.

Le docteur Paul Cheney, un des pionniers dans le traitement du SFC aux États-Unis, recommande trois tests d'équilibre fonctionnel simples relatifs aux irrégularités du système nerveux central. Il s'agit du test de Romberg, test de position en tandem et du test de position en tandem augmenté. Le test de Romberg est le plus facile à réaliser, suivi du test de position en tandem et enfin du test de position en tandem augmenté.

Une étude conjointe réalisée en Australie par les Universités de Sydney et de Newcastle et l'hôpital John Hunter allègue que si le SFC est plus que de la somatisation, la chimie du corps devrait être modifiée, ce qui serait détectable dans l'urine. À l'aide d'une machine utilisée pour détecter la présence de drogues illicites chez les athlètes, les chercheurs ont comparé les sujets du groupe témoin et les personnes atteintes du SFC. Des profils nettement différents se sont dessinés. Les chercheurs ont demandé aux patients de remplir un questionnaire détaillé concernant leurs symptômes et les réponses ont ensuite été comparées aux marqueurs urinaires particuliers. Les chercheurs ont constaté que les patients se répartissaient en groupes distincts, confirmant ainsi que le SFC n'est pas une maladie unique mais peut comporter jusqu'à huit maladies. Trois de ces groupes représentaient les deux tiers des patients. Il semble également que plus le chevauchement était grand, plus grande était l'étendue des symptômes; les personnes qui présentaient les quantités les plus importantes des marqueurs principaux étaient les plus malades.

Plusieurs des patients de cette étude avaient un marqueur urinaire similaire aux composés qui bloquent la production d'énergie dans les cellules et stimulent les centres de la douleur dans le cerveau. De plus, certaines personnes atteintes du SFC semblent avoir dans le corps des taux de pesticides plus élevés que la normale. Les chercheurs de cette étude espèrent mettre au point un simple test à bandelettes réactives, à réaliser dans le cabinet du médecin, et qui permettrait de savoir à quel sous-groupe les patients appartiennent. Ce type de test aiderait les patients à découvrir de quelle sorte de SFC ils souffrent pour mieux en gérer les symptômes.

Le docteur Ian James, consultant et conférencier en pharmacologie clinique au London's Royal Free Hospital School of Medicine, croit avoir fait une percée non seulement à l'égard des tests de dépistage, mais également en ce qui concerne le soulagement des symptômes. Partant des observations des médecins selon lesquelles les personnes atteintes du SFC présentent une réaction anormale des pupilles aux variations de la lumière ou du foyer, il a constaté que les fluctuations de la pupille étaient, en fait, propres à ces personnes. Selon lui, cette caractéristique serait attribuable à une forme d'interférence dans le transfert des impulsions du cerveau à l'oeil. Cela indiquerait une déficience de la sérotonine, qui a pour fonction de transporter les impulsions des nerfs aux cellules. Le docteur James a conclu que le fait de rectifier l'équilibre de la sérotonine peut réduire, dans certains cas, quelques-uns des symptômes du SFC.

Un sondage réalisé auprès de personnes atteintes du SFC

Un sondage réalisé auprès de 1 000 membres du British Charity Action for ME, a révélé que 67 pour cent des répondants, bien que trop malades pour travailler, n'avaient reçu aucun conseil de leur médecin sur le traitement de la maladie. En voici les résultats:

Votre médecin convient-il que le SFC existe?

Oui: 89 %
Non: 11 %

Votre médecin vous a-t-il donné des conseils concernant le traitement de la maladie?

Oui: 33 %
Non: 67 %

Avez-vous dû cesser de travailler à cause de la maladie?

Oui: 94 %
Non: 6 %

Avez-vous trouvé un autre type de thérapie qui vous a fait du bien?

Oui: 62 %
Non: 37 %

Le traitement

Aucune thérapie ne s'est révélée universellement efficace contre le SFC. Les thérapies que nous présentons ici sont celles qui ont été testées et essayées par des médecins; celles qui comportent une approche plus holistique ne sont pas abordées.

La médecine traditionnelle aime soumettre les nouveaux traitements à des tests, généralement à des essais comparatifs avec placebo témoin. Dans ce type de tests, on offre le traitement à deux groupes de patients, mais seulement un groupe reçoit effectivement le traitement. Aucun participant ne sait qui reçoit quel «traitement», de manière à éliminer l'effet placebo, c'est-à-dire l'amélioration de l'état du patient due uniquement aux pouvoirs émotionnels et aux attentes face au traitement.

Dans le cas du SFC, peu de traitements ont été soumis à des essais comparatifs avec placebo témoin, à cause de l'évolution récurrente et rémittente de la maladie sur plusieurs années. Il y a également une différence entre l'amélioration du fonctionnement et la guérison complète. Parmi les traitements qui ont été rigoureusement testés, quatre seulement ont été déclarés supérieurs au placebo. Leur utilisation n'est cependant pas très répandue, parce que leurs effets n'ont pas été répétés dans des essais supplémentaires. Ce sont:

- l'agent ampligen antiviral et immunorégulateur;
- l'immunoglobuline intraveineuse en forte dose;
- le sulfate de magnésium intramusculaire;
- l'huile d'onagre.

Parmi d'autres types d'interventions qui ont été évaluées jusqu'à maintenant, notons:

- les programmes d'exercice progressifs;
- la thérapie cognitivo-comportementale.

Certains médecins recommandent également la relaxation et la méditation. Ces techniques seront abordées dans des chapitres subséquents.

Aux États-Unis, beaucoup plus qu'en Angleterre, l'accent est mis sur l'immunothérapie bien que les résultats de ce type de thérapie ont été soit décevants, soit non concluants. Les deux traitements les plus utilisés sont l'ampligen et l'immunoglobuline.

L'ampligen

L'ampligen a été testé et utilisé à titre expérimental depuis quelques années. Il agit sur le système immunitaire et il a été démontré qu'il produisait des améliorations physiques et cognitives considérables. Cependant, d'importantes questions demeurent sans réponse quant à l'utilisation à long terme du médicament, et notamment sur le fait que plus la dose est élevée, plus les effets secondaires sont importants. Pour le moment, on ne peut le trouver ni aux États-Unis, ni au Royaume-Uni.

Selon des rapports anecdotiques à la fin des essais aux États-Unis, plusieurs personnes avaient perdu leur acuité intellectuelle et leurs forces physiques quelques jours après avoir cessé de prendre l'ampligen. Trois ou quatre semaines plus tard, certaines devaient reprendre le fauteuil roulant et après un essai, presque toutes les personnes étaient de nouveau confinées à la maison.

L'immunoglobuline intraveineuse en forte dose

L'immunoglobuline (dont l'abréviation est Ig) est un produit du sang contenant des anticorps qui s'attachent aux substances étrangères pour défendre le corps contre l'infection. L'igG est l'un des nombreux types d'immuno-globulines ou anticorps qui sont produits dans les cellules lymphatiques pour combattre l'infection. L'immunoglobuline est utilisée dans le traitement du SFC principalement quand l'igG totale est faible.

Bien que les résultats des essais soit contradictoires, le traitement semble avoir été bénéfique pour certains patients. Cependant, l'immunoglobuline intraveineuse est extrêmement coûteuse et a des effets secondaires.

Le sulfate de magnésium intramusculaire

Le magnésium est vital pour le fonctionnement cellulaire normal. La transmission des impulsions nerveuses dépend d'un équilibre adéquat de calcium et de magnésium dans les membranes cellulaires. La contraction et la décontraction des muscles dépendent aussi du magnésium. Il est intéressant de noter que plusieurs des caractéristiques de la carence en magnésium se retrouvent également dans les cas de SFC. Une étude contrôlée réalisée par le docteur David Dowson (voir Sondage réalisé auprès de personnes atteintes du SFC: p. 77) a révélé une carence en magnésium dans plusieurs cas de SFC. Un traitement comportant six injections hebdomadaires de sulfate de magnésium s'est avéré bénéfique pour 80 pour cent des patients atteints du SFC et les taux de magnésium dans leurs globules rouges se sont considérablement élevés à la fin du traitement.

Les acides gras essentiels et l'huile d'onagre

La perte de magnésium peut se produire quand les membranes cellulaires sont soumises à des dommages de radicaux libres attribuables à une redistribution d'électrons. Les acides gras essentiels nous protègent de cela. Ils tuent également les virus enveloppés en détruisant leurs revêtements gras et protègent le fonctionnement normal des interférons, le propre agent antiviral du corps.

Le professeur P.O. Behan, de l'Institut des sciences neurologiques de l'Université de Glasgow, a mené une étude d'une durée de six mois avec placebo témoin; il donnait à des personnes atteintes du SFC de l'Efamol Marine, une marque particulière d'acide gras essentiel, qui contenait de l'acide gamma-linoléique et de l'huile de poisson. Dans 85 pour cent des cas, les symptômes de fatigue, de douleur musculaire, d'étourdissement, de difficulté de concentration et de dépression ont diminué. Les taux d'acides gras essentiels dans le sang sont revenus à la normale dans le groupe traité.

À cause de la faible concentration d'acide gamma-linoléique dans l'huile d'onagre, la dose quotidienne est élevée (neuf capsules), de sorte que des sources plus concentrées d'acide gamma-linoléique peuvent lui être substituées.

Les antidépresseurs

Il n'y a qu'un seul rapport publié concernant un essai contrôlé d'un antidépresseur, le Prozac. Cette étude concluait que le Prozac n'avait aucun effet bénéfique sur les symptômes du SFC, ce qui permettait de croire que la dépression qui accompagnait le SFC avait une cause différente de celle que le Prozac permet généralement de soigner.

Une étude réalisée à Oxford auprès de 55 patients a constaté que l'état de quatre d'entre eux s'était «considérablement amélioré» avec les antidé-presseurs, tandis qu'il avait «empiré» chez 13 d'entre eux.

Les programmes d'exercices progressifs

Certains médecins croient aux vertus d'un programme régulier d'exercices d'aérobic progressifs. Du fait que l'on considère généralement que les problèmes physiques sont causés par l'inaction, l'on présume que ce type de thérapie réussira à corriger le dommage. Cependant, les programmes d'fs sont plus susceptibles de nuire aux personnes qui, dans la première année de la maladie, présentent encore des signes d'infection (c'est-à-dire de la fièvre, une sensibilité des ganglions lymphatiques, des nausées ou des sueurs).

La pertinence des exercices dépend aussi de la condition musculaire. Quand les mitochondries (les «centrales électriques» des cellules) présentent des anomalies, le patient peut avoir de la difficulté à supporter les exercices d'aérobic. Il est possible que ce soit dû à une infection virale persistante dans les cellules musculaires.

L'exercice, soigneusement supervisé, peut être bénéfique pour les personnes qui sont malades depuis un certain temps et dont les muscles ont été très affaiblis par l'inactivité. Même dans ce cas, les exercices devraient être supervisés attentivement et leur intensité augmentée graduellement. Les appareils à pédaler devraient être évités, parce qu'ils exigent trop d'efforts. Les activités plus modérées, comme la marche, sont plus indiquées.

La thérapie cognitivo-comportementale

La thérapie cognitivo-comportementale (TCC) est de plus en plus utilisée au Royaume-Uni. Elle diffère des programmes d'exercices progressifs en ce qu'il s'agit d'un programme d'activités élaboré conjointement par le patient et le thérapeute. De plus, on met l'accent sur l'activité, pas sur l'exercice.

Un des problèmes que présente la TCC est qu'elle dépend des conceptions de la personne qui l'administre à l'égard du SFC. Ainsi, les médecins qui croient que les patients atteints du SFC sont dans cet état à cause de leur style de vie trépidant, de l'importance exagérée qu'ils accordent à leurs symptômes et de leur conviction qu'il n'y a pas de guérison possible ont recours à la TCC pour modifier la conception du patient, selon laquelle la maladie est physique.

La TCC peut engendrer des problèmes si le thérapeute essaie d'inciter les patients à ignorer des symptômes qui auraient avantage à être traités d'une autre façon. Comme pour n'importe quel type de thérapie, son succès dépend de la personne qui l'administre. Il est certain que de nombreuses personnes atteintes du SFC apprennent à mesurer leurs énergies en utilisant cette approche systématique, tirent parti des rendez-vous réguliers et des objectifs clairement formulés, et se sentent par conséquent beaucoup mieux. La TCC peut accompagner avec succès d'autres types de thérapies.

Une alternative à la thérapie cognitivo-comportementale

Le docteur Darrel Ho-Yen, un conseiller en microbiologie en Écosse, obtient d'excellents résultats avec ses patients atteints du SFC en commençant par comprendre qu'ils sont malades et par exclure ceux qui ne souffrent pas du SFC, mais de troubles émotionnels actifs d'un point de vue clinique. En renforçant leur croyance en la nature physique de la maladie, plutôt qu'en essayant de les convaincre que c'est «dans leur tête», il ne nie pas le rôle des facteurs émotionnels. Cependant, il constate la profonde douleur émotionnelle causée par l'énergie que ses patients gaspillent dans des sentiments de colère et de frustration. C'est pourquoi il les encourage à essayer de se renseigner sur leur maladie et sur les façons dont elle les affecte; il les invite à cesser de rechercher une cure miracle et à s'assurer qu'ils n'entreprennent pas d'activités excessives et n'ignorent pas leur maladie. La confiance qu'ils éprouvent du simple fait d'être crus leur donne des forces et leur permet d'exercer un certain contrôle sur la maladie. Le niveau d'énergie augmente, tout comme les activités. Le docteur Ho-Yen ne recommande pas une augmentation des activités, tant que le patient ne sent pas qu'il a retrouvé 80 pour cent de ses forces pendant au moins quatre semaines; il est donc essentiel que le patient note ses symptômes dans un journal.

Dans le prochain chapitre, nous allons examiner les liens entre les traitements de soutien et les moyens dont dispose le malade pour s'aider lui-même.

CHAPITRE 5

Les façons de vous aider vous-même

Ce qui est intéressant avec la majorité des techniques d'auto-assistance c'est que les mesures que vous prenez pour atténuer vos problèmes physiques soulagent souvent aussi vos problèmes émotionnels. Ainsi, les exercices de respiration modérés du yoga, non seulement contribuent à procurer plus d'oxygène à votre corps, mais vous aident à vous sentir plus fort mentalement et émotionnellement.

Il y a parfois un délai entre le moment où l'on vous donne des conseils à propos d'une maladie dont vous souffrez et le stade où vous êtes prêt à suivre ces conseils. C'est ce qui distingue l'acquisition des connaissances et la mise en application de celles-ci. C'est particulièrement vrai dans le cas du SFC, où il y a surcharge au cerveau, où il y a beaucoup à apprendre et pas suffisamment d'énergie pour assimiler plus d'une chose à la fois.

Malgré les avantages qu'il y a à vous aider vous-même, vous aurez besoin de travailler avec quelqu'un d'autre, de préférence un médecin qui a une perspective holistique ou un thérapeute de médecine douce qui a une bonne compréhension des besoins en nutrition et en énergie. Le fait est qu'il ne sera pas facile de procéder aux changements nécessaires pour améliorer votre état. Vous connaîtrez sûrement des revers en chemin et vous vous poserez de nombreuses questions. Vous aurez besoin qu'on vous assure que vous êtes sur la bonne voie.

De façon générale, les techniques d'auto-assistance fonctionnent de trois façons fondamentales:

- elles vous donnent le pouvoir de prendre les choses en main;
- elles vous aident à reposer votre esprit, pas seulement votre corps;
- elles favorisent le développement de vos propres facultés d'adaptation.

Traduites en procédés réels, les approches d'auto-assistance tiennent compte de vos besoins de:

- découvrir ce qui arrive à votre corps;
- prendre des notes sur l'évolution de votre état;
- modifier votre diète et améliorer votre alimentation (notamment éliminer les allergènes);
- alterner vos activités avec des séances de repos régulières;
- rétablir des cycles de sommeil normaux;
- améliorer votre respiration;
- apprendre des techniques de relaxation;
- développer un programme d'exercices (modérés, dans les limites de votre énergie);
- conserver une attitude positive;
- soigner votre bien-être émotionnel et mental.

Certains de ces aspects seront traités au chapitre 8.

L'importance de se renseigner

Comprendre ce qui ne va pas est essentiel quand vous commencez à déterminer ce que vous devez faire, tant physiquement que mentalement. La première chose que vous apprendrez à propos du SFC est que vous ne devez pas vous attendre à guérir du jour au lendemain. Vous devez résister à la tentation de vous lancer d'un traitement à un autre, surtout si vous n'avez pas exploré votre capacité de vous aider vous-même.

L'utilité de noter l'évolution de son état

Si vous voulez réussir à mesurer vos énergies, vous devez prendre conscience de ce qui peut causer une rechute et observer comment les symptômes fluctuent. Avec le temps, certains schémas peuvent se dessiner. Le docteur Darrel Ho-Yen, qui demande à ses patients de tenir un journal, croit que c'est le manque de confiance qui est le principal obstacle à la guérison. Il alloue à ses patients des points sur leur énergie en se basant sur les entrées de leur journal. Ce n'est que quand ils obtiennent des résultats suffisamment élevés pendant un certain temps qu'ils peuvent augmenter progressivement leur dépense d'énergie.

Prendre des notes ne consiste pas à accorder une importance exagérée aux symptômes. C'est un outil essentiel dans vos efforts pour vous aider. Il est extrêmement important que vous puissiez voir, jour après jour, comment ce que vous faites influence l'évolution de votre état. Quoique le fait de prendre des notes fasse partie de la rubrique de l'auto-assistance, il est clair que cette mesure sera plus efficace si quelqu'un supervise vos progrès.

La diète et l'alimentation

Le fait de changer votre diète et d'améliorer votre alimentation est une dimension importante du programme d'auto-assistance, bien que le recours aux compléments alimentaires nécessite l'aide de spécialistes de la nutrition. Les compléments alimentaires sont des nutriments concentrés, présentés sous forme de capsules ou de comprimés (quoique certains, comme la vitamine C, soient très populaires sous forme de poudre) et consommés comme compléments à la diète normale.

Voici quelques suggestions d'habitudes à prendre pour boire et manger sainement:

- Autant que possible, achetez des aliments organiques. Votre objectif est de réduire la quantité de substances chimiques auxquelles vous êtes exposé. La viande et les produits laitiers contiennent beaucoup d'antibiotique, et on trouve des organophosphates sous forme de résidus dans la plupart de nos aliments traités avec des produits chimiques.
- Brossez les légumes organiques plutôt que de les peler. Si vous ne pouvez pas vous procurer de fruits et légumes organiques, faites-les tremper dans une solution diluée de vinaigre de cidre de pomme ou de vitamine C en poudre pour éliminer un peu de la contamination provenant de l'agriculture industrielle.
- Donnez à votre corps de l'énergie durable en mangeant des hydrates de carbone à libération lente, comme des céréales entières, des légumineuses secs et des fruits et légumes frais. Essayez d'éliminer le sucre.

- Buvez de l'eau propre, filtrée (jusqu'à deux litres par jour si vous le pouvez) ou des tisanes, plutôt que du thé ou du café. Commencez la journée avec une tasse d'eau chaude et un morceau de citron. C'est un bon moyen de nettoyer le corps après le sommeil et de favoriser le fonction-nement des intestins.

- Aidez vos intestins en faisant tremper des graines de lin dans du jus de pomme ou de l'eau pendant la nuit, et en les avalant avec de l'eau avant le déjeuner. Elles ressembleront un peu à des oeufs de grenouille, mais essayez d'en croquer quelques-unes pour profiter des acides gras essen-tiels qu'elles contiennent. Les graines de lin sont idéales pour favoriser la régularité intestinale, surtout pendant que vous êtes incapable de faire de l'exercice. Pour changer, plutôt que de les faire tremper, vous pouvez les moudre dans un moulin à café et les saupoudrer sur vos aliments. Faites-le toujours quand elles sont fraîches et rangez les restes, au réfrigérateur, dans un contenant hermé-tique pendant un jour ou deux.

- Éliminez les boissons alcooliques. L'un des effets du SFC est l'intolérance à l'alcool. Votre foie est incapable de le supporter.

- Vous aurez peut-être de la difficulté à manger des aliments crus, surtout si vous avez des problèmes de prolifération fongique. C'est parce que vous avez besoin d'aliments chauds. Prenez l'habitude de préparer des soupes consistantes; vous pouvez le faire facilement et rapidement si vous avez un mixeur. C'est une bonne idée d'en faire congeler de petites quantités pour les jours où vous ne vous sentirez pas bien.

- Éliminez les aliments pour lesquels vous avez une intolérance. De nombreuses personnes atteintes du SFC tolèrent mal les produits laitiers, qui favorisent la formation de mucus. Si vous mangez beaucoup de légumes verts frais et de graines, vous devriez en tirer suffisamment de calcium, mais il est possible que vous deviez compléter votre apport. Remplacez le fromage de lait de vache par du fromage de chèvre. Vous pouvez préparer du gruau avec de l'eau pour avoir un petit déjeuner consistant, bien qu'il puisse être nécessaire que vous éliminiez le blé et autres céréales contenant du gluten, comme le seigle, l'avoine et l'orge.

- Faites attention de ne pas éliminer trop d'aliments de votre régime sans être bien renseigné sur les nouveaux aliments qui vous seront bénéfiques. Le prochain chapitre contient des conseils sur les traitements de vos parois intestinales susceptibles d'améliorer votre tolérance aux aliments.

- Pour conserver vos énergies, il est possible que vous deviez manger peu, mais souvent.

- Vous aurez peut-être plus de facilité à digérer les aliments si vous suivez les principes de base concernant les combinaisons alimentaires — ne pas manger de protéines et d'hydrates de carbone durant le même repas. Selon cette théorie, quand ces deux types d'aliments sont consommés ensemble, aucun n'est digéré correctement, ce qui peut causer une perte d'énergie et nuire à l'absorption. Il existe de nombreux livres sur les combinaisons alimentaires.

Alterner des activités avec des séances de repos régulières

Il est juste de dire que toutes les personnes atteintes de cette maladie croient, quand elles ont de l'énergie en banque, qu'elles peuvent tout dépenser, ce qui fait que leur compte se retrouve «à découvert». En fait, l'économie devrait être la règle. Il est difficile de savoir quand cesser une activité, mais il est essentiel d'arrêter bien avant de vous sentir fatigué pour éviter les rechutes. Le tableau de rations d'énergie suivant a été conçu par Martin Le Grice; on le trouve dans sa très utile petite brochure intitulée Managing ME.

Tableau de rations d'énergie (exemples seulement)

Exercice		marche	10 minutes
	ou	natation	4 minutes
Travail intellectuel		écriture/informatique	1 heure
	ou	lecture	2 heures
Interactions sociales		téléphone	2 x 15 minutes
	ou	repas/réception	1 heure
Corvées domestiques		magasinage	20 minutes
	ou	ménage	20 minutes
	ou	lavage	2 cycles
	ou	cuisine	30 minutes

Le rétablissement des cycles de sommeil normaux

Vous pouvez suivre diverses stratégies pour favoriser le sommeil. Vous pouvez développer certaines méthodes anti-stress, de concert avec des techniques de respiration et des exercices appropriés; vous pouvez également prendre un complément de calcium/magnésium avant d'aller au lit (selon un rapport de 2:1) ou un goûter riche en protéines. Un gramme de vitamine B3 (niacinamide) au coucher peut aider les personnes qui s'endorment facilement mais ont du mal à se rendormir après s'être réveillées la nuit.

L'amélioration de la respiration

Apprendre à respirer correctement est une méthode d'auto-assistance facile qui peut soulager n'importe quel problème, particulièrement le SFC. Respirer correctement, c'est respirer avec l'abdomen ou l'estomac, pas la poitrine (voir Figure 2). Nous commençons à vivre en respirant correctement, mais avec le temps nous réagissons au stress en respirant superficiellement de la poitrine, ce qui peut causer de la fatigue. Par ailleurs, l'hyperpnée provoque souvent de la sensibilité musculaire dans le cou, les épaules et la poitrine.

Un exercice de respiration simple, utilisé dans la pratique du yoga, consiste à inspirer brièvement et à expirer ensuite plus longuement. Respirez toujours par le nez. Faites cet exercice quotidiennement, pendant plusieurs minutes, en position assise et en position allongée.

Le fait d'adopter une posture adéquate aide à respirer correctement. Vous pouvez toutefois avoir

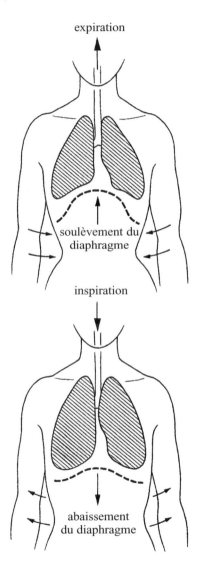

Figure 2. Respirer correctement

de la difficulté à vous tenir correctement à cause du SFC, si vous êtes souffrant ou fatigué. Une des meilleurs façons d'améliorer sa posture est la technique Alexander (voir pages 136-137).

L'apprentissage de techniques de relaxation

La nécessité d'apprendre à relaxer montre à quel point il est difficile d'échapper au stress et aux tensions de la vie quotidienne. Si vous souffrez du SFC, il ne suffit pas de relaxer votre corps, vous devez également détendre votre esprit. C'est parce que votre cerveau lutte pour faire face à la surcharge. Le fait d'apprendre à faire le vide dans votre esprit grâce à l'apprentissage de techniques de relaxation ou de méditation, est un pas en avant. Vous pouvez choisir ce qui vous convient parmi de nombreux livres, cassettes, vidéos et cours. Vous n'en ressentirez peut-être pas les bienfaits immédiatement mais vous devrez faire preuve de patience et poursuivre vos exercices.

Le développement d'un programme d'exercices

Les programmes d'exercices normaux axés sur la compétition et la poursuite d'un résultat, et qui impliquent des efforts et de la transpiration, ne conviennent pas aux personnes atteintes du SFC. Cependant, les exercices modérés, qui respectent les limites de votre énergie, devraient constituer une partie importante de vos habitudes quotidiennes. Le yoga, qui contribue également à calmer l'esprit, est une technique d'exercices utile, surtout quand elle est adaptée aux besoins des personnes atteintes du SFC. Le yoga agit non seulement sur les muscles et le

Lili

Lili, 38 ans, a appris qu'elle souffrait du SFC à la fin de la vingtaine. Elle avait travaillé très fort et avait contracté un virus pendant qu'elle travaillait à l'étranger; avant de partir, elle avait reçu une série de vaccins en courte succession. Au début, elle s'entêtait à continuer de travailler, malgré son manque d'énergie et ses douleurs musculaires. Cependant, après une rechute complète provoquée par une exposition à des vapeurs de peinture, elle fut bien obligée de reconnaître que son entêtement ne faisait qu'empirer les choses. Comme elle vivait seule et devait garder le lit, elle dut, en désespoir de cause, demander à un ami de s'occuper d'elle. Celui-ci s'installa chez elle pendant trois mois; durant ce temps, il l'aida à trouver un logement plus grand, pour que d'autres personnes puissent facilement vivre avec elle et qu'elle ne soit donc pas complètement seule. En apprenant à ménager soigneusement son énergie et en suivant une thérapie qui visait à réduire le niveau de stress dans sa vie, Lili a vu son état s'améliorer progressivement. Elle a également obtenu de l'aide pour le traitement et la guérison du Candida. Cette guérison eut pour effet de lui donner des regains d'énergie. Après quelques mois, les courtes marches jusqu'au supermarché devinrent de longues marches dans le parc. Elle est maintenant capable de travailler à temps partiel, elle continue ses exercices de yoga, sa thérapie et ses périodes de repos quotidiennes. Elle n'est pas complètement guérie, mais elle a fait des progrès énormes. Le fait d'apprendre à se ménager a été crucial.

squelette, mais également, de façon subtile, sur les nerfs, les organes et les glandes.

Les exercices du chi kung, une technique chinoise, représentent une autre approche utile. Elle vous permet de progresser à votre propre rythme, comme dans le cas du yoga.

Il existe de nombreux ouvrages intéressants sur le sujet.

Comme pour toute activité, n'augmentez pas soudainement votre niveau d'exercice quand vous sentez que vous avez suffisamment d'énergie pour le faire. Restez au même niveau pendant quelque temps et augmentez l'intensité d'exercices progressivement, étape par étape.

L'importance de conserver une attitude mentale et émotionnelle positive

Les scientifiques savent désormais que le stress et la tension graves peuvent affaiblir le système immunitaire, ce qui a pour conséquence de dérégler nos défenses. Il est vital de conserver une saine attitude mentale et émotionnelle, bien qu'il soit extrêmement difficile de le faire quand on est aux prises avec une maladie aussi méconnue — mais pas au point où il n'y a rien à faire.

Pour développer une saine attitude mentale et émotionnelle, il faut d'abord accepter la réalité de la maladie. Puis, il convient de procéder à des changements fondamentaux sur la façon dont vous gérez votre énergie et sur la quantité de choses que vous pouvez faire en une journée. Il est probable que vos anciennes stratégies réactionnelles, qui impliquaient peut-être une victoire de l'esprit sur la matière, ne soient plus appropriées. Combattre le SFC ne fait que retarder le stade essentiel de l'acceptation. Cela ne veut pas dire qu'il faut s'abandonner à la maladie. Cela signifie envisager honnêtement ce qui arrive à votre corps et à votre esprit, pour ensuite être capable d'élaborer des stratégies de guérison réalisables.

L'extrait qui suit a été tiré d'un article publié dans une revue américaine (le CIDFC Chronicle) à l'hiver 1996. L'auteur, Dean Anderson, se décrit lui-même comme étant «substantiellement guéri» après huit années de SFC.

Au cours des ans, j'ai lu de nombreux témoignages de personnes ayant guéri du SFC ou dont l'état s'était amélioré, et qui affirmaient qu'elles avaient commencé à aller mieux après avoir «accepté» la maladie ou s'y être «résignées». Jusqu'à tout récemment, je contestais cet état d'esprit, que je considérais défaitiste ou fataliste. En Amérique, nous apprenons dès la plus tendre enfance qu'il est important de réussir dans la vie et que les efforts sont la clé du succès.

Au début, je me disais que je parviendrais à guérir grâce à ma détermination et à mes efforts. Je me rends compte aujourd'hui que ce type de pensée est problématique. Émotionnellement, il fait vivre une sorte de promenade en montagnes russes. Durant les années où j'«essayais» consciemment de guérir, je considérais les rémissions comme autant d'échelons gravis sur la voie de la guérison. Je ne pouvais me trouver que sur une pente ascendante. Quand les inévitables rechutes se produisaient, j'étais désespéré par l'échec apparent de ma volonté et l'inutilité de mes efforts conscients. Je crois aujourd'hui qu'une certaine forme d'acceptation est importante dans le processus de guérison. Il ne s'agit pas de se résigner à son sort de personne malade. Il s'agit d'accepter la réalité de la maladie et la nécessité d'adopter un style de vie différent, peut-être pour le reste de ses jours.

L'«effort» requis pour guérir du SFC est un exercice de discipline et d'espoir, pas de détermination et d'efforts. La discipline requise est exactement contraire à celle que l'on valorise chez les écoliers, les professionnels ou les athlètes. C'est une discipline qui consiste à reconnaître ses propres limites, à les respecter et à suivre un régime strict sans relâche. C'est une discipline qui consiste à ne pas succomber aux pressions familiales et sociales qui nous poussent à entrer dans la course... Ce que les personnes atteintes du SFC doivent acquérir, c'est le courage d'accepter leur maladie, même quand les autres refusent de le faire; c'est la discipline nécessaire pour faire les choses et adopter l'attitude optimiste qui les remettront sur la voie de la guérison.

CHAPITRE 6

Les thérapies naturelles et le syndrome de fatigue chronique

Considérant l'incapacité de la médecine conventionnelle à offrir un traitement véritablement efficace, les thérapies naturelles ont un rôle particulièrement important à jouer dans la guérison du SFC. Le présent chapitre a pour objectif de présenter quelques-unes des options «douces». Ne vous laissez pas induire en erreur par le terme «douces». Quand elles sont administrées par des mains habiles, ces techniques peuvent être très puissantes et très efficaces.

La plupart des thérapies naturelles ne sont pas récentes. Quelques-unes existent depuis des milliers d'années. Cependant, la médecine scientifique s'est révélée impuissante à bien des égards dans la dernière décennie, les thérapies traditionnelles ont pris de l'ampleur. La liste s'allonge sans arrêt, de sorte qu'il peut être difficile de s'y retrouver.

Qu'est-ce que la thérapie naturelle?

Il existe une controverse, parfois très vive, concernant la question de savoir si toutes les thérapies naturelles partagent une idée ou un principe commun. Certaines prétentions selon lesquelles les thérapies naturelles n'ont pas de lien

entre elles sont non fondées car les principes suivants s'appliquent dans tous les cas:

- Il n'y a pas de frontière artificielle entre l'esprit et
  le corps. La bonne santé est un état d'équilibre
  émotionnel, mental, spirituel et physique.
  L'équilibre est un aspect fondamental de la notion
  de santé dans les thérapies naturelles. La maladie
  résulte d'un déséquilibre. On retrouve cette idée
  dans le principe chinois du yin et du yang.
- Il existe dans l'univers une force naturelle que les
  Chinois appelle chi, les Japonais ki, et les Indiens
  prana. En Occident, on la désignait autrefois de la
  locution latine vis medicatrix naturae, qui signifie
  «force curative naturelle»; on l'appelle simplement aujourd'hui «force vitale». Les différentes
  thérapies ont pour rôle de puiser dans cette force
  et d'en libérer le potentiel curatif.
- Le style de vie, le régime alimentaire, les faiblesses héréditaires et les tensions émotionnelles
  peuvent toutes provoquer un déséquilibre. Cette
  opinion, exprimée de diverses façons, est
  commune à toutes les thérapies naturelles.
- L'environnement et les conditions sociales sont
  des facteurs aussi importants que ceux qui précè-
  dent et ils ne doivent pas être ignorés.
- Le traitement des symptômes n'est pas aussi efficace pour la guérison à long terme que le traitement des causes sous-jacentes.
- Il est important de libérer l'esprit et d'utiliser
  celui-ci pour développer des pensées positives,
  plutôt que des pensées négatives.
- Il est essentiel de prendre la responsabilité de sa
  propre santé. Cependant, certaines personnes
  peuvent avoir besoin de faire confiance à

quelqu'un d'autre, généralement un thérapeute, capable de les aider quand elles sont coincées.

- En matière de thérapie naturelle, du fait que nous avons tous des besoins et des faiblesses physiques qui nous sont propres, il n'y a pas deux traitements identiques. Par ailleurs, la relation thérapeutique entre la personne soignante et le patient est valorisée et encouragée d'une façon que la médecine moderne ne peut qu'effleurer.

Quand la médecine scientifique doit se prononcer sur le succès des options «douces», elle se contente de dire que celles-ci sont bonnes dans l'écoute. Cela implique que c'est là la somme de leurs succès. Il est vrai que la plupart des thérapies naturelles accordent une grande valeur à l'écoute pour se former un portrait clinique précis et pour établir un climat de confiance et d'empathie. Cependant, restreindre la valeur des thérapies naturelles à ce seul élément équivaut à nier les autres aspects, tout aussi valables, sur lesquels elles travaillent, par exemple leur action directe sur le corps dans le cas de la phytothérapie.

Malgré les témoignages des patients sur la valeur des thérapies naturelles, la médecine scientifique considère que les preuves anecdotiques ne sont pas suffisamment scientifiques pour être prises au sérieux. Les partisans des thérapies naturelles sont de plus en plus conscients que la recherche est aussi nécessaire que la pratique, mais cela peut prendre du temps avant que des ressources et des énergies soient consacrées à ce domaine. En ce qui concerne le SFC, toutefois, même lorsque de bonnes recherches sont entreprises, elles risquent d'être négligées au profit d'autres recherches qui sont utilisées, parfois injustement, pour maintenir le statu quo.

Les personnes qui pratiquent les thérapies naturelles intègrent dans leurs séances de consultation le temps qu'il faut pour expliquer aux patients pourquoi des changements sont nécessaires, cela dans le but de s'assurer leur coopération. Ces personnes comprennent que pour être motivés, les patients doivent savoir comment le corps fonctionne et pourquoi ils doivent modifier leur style de vie. Il est donc plus facile pour les thérapies naturelles d'adopter une approche holistique, parce qu'elles prennent le temps de se concentrer sur l'esprit et sur la nécessité de s'assurer que le patient soit motivé à coopérer au traitement.

Les thérapies susceptibles d'être particulièrement bénéfiques dans les cas de SFC peuvent être réparties en trois catégories:

- les thérapies physiques, qui agissent manifestement et directement sur le corps d'une manière très physique, tant extérieurement qu'intérieurement, comme la chiropractie, la phytothérapie, l'ostéopathie, la thérapie nutritionnelle et le massage;
- les thérapies énergétiques, souvent basées sur les conceptions orientales de la santé et de la maladie et se concentrant sur l'équilibre et la libération de l'énergie, comme l'acupuncture, l'homéopathie et la réflexologie;
- les thérapies émotionnelles, qui agissent positivement sur la santé de l'esprit et des émotions, comme la méditation, la relaxation et la biorétroaction.

Ces divisions ne sont cependant pas rigides: certaines thérapies appartiennent à plus d'une catégorie, parce qu'elles ont un effet «à plusieurs niveaux», soit intellectuel, corporel et spirituel. C'est le cas par exemple du yoga, du massage et de la méditation.

La nutrition et le régime, qui sont au coeur même de tout programme de guérison, sont décrits au prochain chapitre. La phytothérapie, la naturopathie, l'exercice et le yoga sont également des thérapies de soutien importantes. Outre ces thérapies fondamentales, vous pouvez choisir parmi les autres celles qui conviennent à vos besoins.

CHAPITRE 7

Le traitement du corps

Comme nous l'avons vu, il y a chevauchement entre le corps et l'esprit, mais il existe certaines thérapies qui agissent principalement sur le corps, et ce sont celles-ci que nous examinerons dans le présent chapitre. Ne perdez pas de vue les principaux facteurs qui favorisent la guérison — le soutien (aussi bien médical que personnel) et le repos, tant du corps que de l'esprit, pris avant d'atteindre le stade de la fatigue. Si cette approche thérapeutique fondamentale n'est pas appliquée dans les premiers stades de la maladie, toutes les autres interventions seront minées et auront moins de chances de succès.

Le régime et la thérapie nutritionnelle

Ce que nous mangeons a un effet direct sur la capacité de notre corps à guérir. Cependant, il n'est pas facile de changer nos vieilles habitudes, surtout si notre alimentation se compose principalement d'aliments préparés. Par ailleurs, il semblerait que dans les cas de SFC, le corps n'absorbe pas nécessairement tous les nutriments consommés. Vous devrez peut-être prendre des compléments nutritionnels, sous la supervision d'un spécialiste de la nutrition, pour accroître votre apport.

Les praticiens d'expérience ne recommandent pas l'utilisation de compléments nutritionnels et d'herbes comme agents uniques. Avant d'entreprendre des traitements basés sur des nutriments spécifiques pour des problèmes particuliers, vous avez besoin d'une vaste gamme de vitamines, de minéraux, d'acides aminés essentiels et d'acides gras. Il n'y a pas deux cas de SFC identiques; c'est pourquoi il est important que vous n'essayiez pas de vous soigner vous-mêmes à l'aide de compléments nutritionnels. Le praticien doit superviser l'effet de ce qui est donné, surtout à cause du fait que les personnes atteintes du SFC tolèrent mal les nutriments dans les premiers stades du traitement. S'il y a un problème, il est recommandé d'augmenter graduellement le nombre de compléments.

Les principaux nutriments utiles dans les cas de SFC sont:

- les vitamines
  - la vitamine A (consommée préférablement sous forme de bêta-carotène), un important antioxydant, élimine les radicaux libres. La bêta-carotène se trouve dans tous les fruits et légumes verts et jaunes, particulièrement les abricots, la luzerne, la betterave et les carottes.
  - les vitamines B. Toutes les vitamines B sont importantes pour protéger le corps contre la maladie et l'infection; elles sont également utiles pour réparer les tissus et prémunir le corps contre les effets du stress. Les vitamines B3 (acide nicotinique) et B6 (pyridoxine) favorisent le fonctionnement adéquat des acides gras essentiels. La vitamine B5 (acide pantothénique) est utilisée dans la réponse du corps au stress, dans la production d'anticorps

et dans la production d'énergie. Il est préférable de prendre les vitamines B sous forme de complexe (la gamme complète ensemble). Les sources alimentaires de vitamine B sont la levure de bière, les céréales entières et certaines viandes, comme le foie et les rognons.

- la vitamine C (l'acide ascorbique). Elle stimule dans le système immunitaire, la production d'interférons, un agent antiviral naturel. Elle a également des propriétés antibiotiques et antibactériennes, et elle aide le corps à utiliser correctement les acides gras essentiels. Elle est dans la plupart des fruits et légumes frais et les meilleures sources sont les agrumes, le cassis, les cynorhodons et les poivrons.

- la vitamine E, le plus puissant des antioxydants, aide les muscles à utiliser l'oxygène et est nécessaire à la croissance et à la réparation de la peau.

• les minéraux
  - le magnésium, nécessaire au fonctionnement des nerfs et des muscles, est associé au métabolisme du calcium et de la vitamine C, au fonctionnement normal du coeur et à la production d'énergie, et à la synthèse des protéines, des graisses et des hydrates de carbone. Les sources alimentaires de magnésium sont les fèves de soja, les noix, le riz brun, le poisson, les lentilles, les amandes et les graines de sésame et de tournesol.
  - le calcium, responsable de la formation des os et des dents, est également associé aux nerfs et

aux muscles, au niveau de cholestérol dans le sang, à la coagulation sanguine et au fonctionnement du muscle cardiaque. Le poisson, les noix, les racines et les oeufs en contiennent.

- le zinc, associé à la croissance et au système immunitaire, est un antioxydant puissant. Il permet l'action d'enzymes importants et contribue au fonctionnement normal du foie et du cerveau. Les sources alimentaires naturelles de zinc sont les huîtres, la viande, les graines de citrouille, le fromage et les oeufs.

- le potassium. Avec le sodium, il règle l'équilibre de l'eau dans le corps. Il est nécessaire au bon fonctionnement des muscles et des nerfs ainsi qu'à l'action d'enzymes producteurs d'énergie. Il aide également l'appareil intestinal. Les sources alimentaires naturelles de potassium sont les fruits séchés, les noix et les légumes crus.

- le sélénium, un antioxydant, est un élément important des enzymes. Il a pour fonction, avec la vitamine E, de protéger le corps contre le processus de vieillissement. Les plus riches sources naturelles de sélénium sont les abats, le poisson, les oignons et l'ail. Dans certaines régions, les concentrations de sélénium dans le sol sont très faibles, de sorte que l'administration de suppléments est nécessaire.

- le fer. Le fer transporte de l'oxygène dans les globules rouges. Il est nécessaire pour les enzymes et le métabolisme des vitamines B. On en trouve dans les fruits de mer, la levure, le foie, les fruits séchés et les céréales entières.

- les autres suppléments
  - les acides aminés en forme libre, particulièrement la taurine, un antioxydant. Les acides aminés servent d'unités structurales élémentaires des protéines.
  - les acides gras essentiels. On les trouve dans l'huile d'onagre et l'acide gamma-linoléique (AGL complexe); ils aident à l'entretien des parois cellulaires.
  - le CO Q 10. Présent naturellement dans le corps, il aide à la production de l'ATP (un catalyseur chimique vital pour la production d'énergie) et favorise le transport d'oxygène. Il prend jusqu'à un mois pour produire son effet.
  - les combinaisons d'herbes pour le bon fonctionnement du foie. Elles comprennent généralement: les chardons Marie, le curcuma, la racine de gingembre, le bouton-d'or, l'artichaut et le pissenlit.
  - le ginkgo biloba, qui aide à la circulation du sang au cerveau et favorise la mémoire. Il devrait être pris pendant au moins six mois.
  - les compositions écologiques pour l'estomac et l'intestin. Elles devraient être prises en même temps que les suppléments pour le foie ou avant ceux-ci.

Certains spécialistes du SFC recommandent l'administration occasionnelle de nutriments par voie intraveineuse pour une absorption plus facile et plus rapide, dans le but d'accélérer la guérison d'infections virales et d'éviter le recours aux antibiotiques. Cependant, la plupart des médecins désapprouvent ce type d'intervention coûteux, envahissant et dont l'efficacité n'a pas été démontrée.

La phytothérapie

La phytothérapie, l'utilisation des herbes et des plantes à des fins curatives, a été pratiquée pendant des milliers d'années. Elle a été la forme originale de la médecine telle que nous la connaissons aujour-

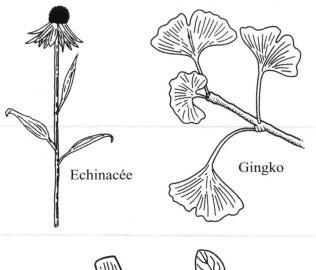

Figure 3. Herbes bénéfiques dans les cas de SFC

d'hui. De nos jours, elle représente la source principale de médication pour environ 85 pour cent de la population mondiale.

Les composants de plantes sont en général facilement assimilés dans le corps, sans provoquer les réactions néfastes ou les effets secondaires associés aux médicaments chimiques. Selon les herboristes, la raison pour laquelle le corps réagit ainsi aux médicaments est que les substances chimiques sont trop concentrées et dépourvues des effets stabilisants de la plante entière. Les herboristes croient aussi que la plante entière représente plus que la somme de ses composants. La vitalité de la plante vivante est considérée comme essentielle.

Il y a eu peu d'essais cliniques à l'égard de traitements du SFC par les herbes, mais de nombreuses personnes atteintes du SFC ont tiré profit de leurs effets doux, mais puissants. La recherche a démontré que le gingko biloba aide à améliorer la circulation au cerveau et que, pris en capsules de 150 mg, il contribue à réduire les étourdissements.

Les herbes bénéfiques pour le SFC

Certains phytothérapeutes recommandent les herbes suivantes:

- anti-viral: échinacée
- support immunitaire: échinacée, gingembre sibérien, panax, gingembre, astregalus membranaceus
- stimulation du foie et laxatif doux: patience sauvage
- nettoyage du système lymphatique: gaillet, indigo sauvage

- support hépatique: racine de pissenlit, épine-vinette, racine noire, chardon Marie, boldo
- support surrénal: bourrache, réglisse
- support neurologique: avoine (en teinture ou simplement sous forme de gruau), baume au citron, bétoine, millepertuis, scutellaire, verveine
- insomnie: laitue sauvage, valériane, cornouiller de la Jamaïque, passiflore
- parasites: armoise
- circulation au cerveau: gingko biloba

Avertissement: Méfiez-vous des herbes qui renforcent le système immunitaire en donnant plus d'énergie (comme le gingembre sibérien). Les niveaux d'énergie devraient être augmentés lentement, de façon à ce que vous ne soyez pas tenté de vous surmener. Vous devriez éviter ce type de problèmes en consultant un phytothé-rapeute qualifié.

La naturopathie

La naturopathie est un terme maintenant utilisé dans la plupart des pays pour désigner diverses thérapies. Le terme signifie traitement naturel, et les personnes qui l'exercent sont généralement formées dans des collèges offrant un certain nombre de techniques spécialisées incluant l'acupuncture, la phyto-thérapie, l'homéopathie, l'ostéopathie, le massage, l'hydrothérapie, la nutrition et la diète.

Il y a une différence entre la naturopathie moderne, qui accorde une importance aux complé-ments nutritionnels, et l'ancienne approche plus idéaliste, qui favorisait la guérison par l'air pur, l'eau, les aliments frais, le jeûne et l'exercice. La présence de substances chimiques dans notre environnement et l'influence de nombreuses années de domination de la médecine par les médicaments ont rendu cette approche plus difficile à poursuivre.

Les naturopathes croient que les infections ne surviennent que quand le corps s'éloigne des fonctions pour lesquelles la nature l'a créé. Il est naturel de tomber malade et la guérison devrait suivre les mêmes principes naturels. Durant le traitement, les symptômes peuvent empirer avant de s'atténuer. C'est un signe que le corps se défend et élimine les poisons ou les toxines.

Parfois, les naturopathes recommandent un traitement appelé irrigation du côlon pour nettoyer l'intestin à fond et éliminer les débris et le mucus susceptibles de nuire à l'absorption adéquate des nutriments. Ce traitement a aidé certaines personnes atteintes du SFC, mais il faut prendre soin de repeupler l'intestin avec des bactéries bénéfiques, car elles pourraient s'épuiser si de nouvelles ne sont pas introduites.

L'hydrothérapie

L'hydrothérapie est la thérapie par l'eau. La recherche a démontré que les bains d'eau froide, où la température de l'eau est diminuée graduellement sur une longue période de temps, font du bien à certaines personnes atteintes du SFC. Si vous n'avez pas le courage de les essayer, vous pourriez profiter de l'effet relaxant des bains neutres, dans lesquels la température de l'eau est la même que celle du corps. Cela produit un effet relaxant pour le système nerveux. La tête devrait être supportée par une serviette ou une éponge, et l'eau devrait être ramenée périodiquement à la température de 36,1 ºC. Le bain peut durer de 30 minutes à quatre heures, après quoi vous devriez vous allonger pendant une heure.

L'aromathérapie

L'aromathérapie est l'une des thérapies complémentaires les plus populaires. Elle combine des techniques de massage spécifiques avec toute la gamme des huiles aromatiques essentielles. Administrée pendant plusieurs semaines, l'aromathérapie peut avoir des effets profonds et durables. Certaines personnes atteintes du SFC réagissent très bien à cette approche douce et la trouvent très utile.

L'ostéopathie

Les manipulations savantes du corps, et surtout des os, des muscles et des tissus de la colonne vertébrale, sont depuis longtemps considérées bénéfiques dans le traitement de divers problèmes persistants et de longue durée (ou chroniques). L'ostéopathie, qui signifie «souffrance des os», est une technique de manipulation. Elle a pour fonction d'améliorer la structure globale du corps. À l'extérieur des États-Unis, les ostéopathes ne sont généralement pas des médecins, et ils sont formés dans des collèges spéciaux, où l'on met l'accent sur les principes naturopathiques, qui sont tous bénéfiques pour les personnes atteintes du SFC.

De l'avis de certains ostéopathes, le SFC pourrait dans certains cas être causé par des problèmes dans le haut du dos qui affectent le système nerveux sympathique. Grâce au traitement et au massage des tissus mous, l'apport du sang au cerveau devrait être augmenté et le drainage lymphatique (l'élimination des toxines de cette partie vitale du système immunitaire) amélioré.

La chiropractie

Comme l'ostéopathie, la chiropractie a pour but de rétablir l'équilibre au moyen de manipulation des os, des muscles et des tissus du corps, particulièrement de la colonne vertébrale.

La chiropractie de McTimoney est une technique de manipulation de tout le corps qui est particulièrement douce.

L'exercice et le yoga

La pratique d'un exercice doux est essentielle au processus de guérison, mais il doit être introduit lentement et de manière soutenue. Les formes idéales sont le yoga et le chi kung (voir Chapitre 9), qui doivent de préférence être combinés à la méditation ou une autre technique de relaxation de l'esprit.

L'utilisation des thérapies dans une optique de soulagement des symptômes

Les thérapies naturelles agissent de manière holistique en renforçant la résistance et en éliminant graduellement les obstacles à la guérison. De cette façon, elles inversent le processus de la maladie.

Leon Chaitow, naturopathe et ostéopathe, recommande le traitement des problèmes qui se manifestent dans le SFC, dont les suivants:

- les allergies et l'intolérance alimentaire
- les dérèglements intestinaux
- les infections à levure ou l'activité virale
- l'anxiété
- l'hyperventilation
- les douleurs musculaires reliées à des facteurs déclenchants
- l'insuffisance thyroïdienne
- le stress surrénalien
- les troubles du sommeil

Les allergies et l'intolérance alimentaire

De plus en plus de médecins spécialistes de la nutrition et de nutritionnistes reconnaissent que certains des problèmes relatifs au SFC sont causés par de nombreuses années de réactions allergiques à des aliments et une sensibilité à des substances chimiques, à quoi s'ajoute le facteur de stress. Le scénario des allergies, qui entraîne une augmentation de la consommation d'antibiotiques et qui retarde la guérison des infections virales, est généralement présent bien avant que le SFC ne se manifeste.

Vous devriez, avec l'aide d'un médecin, établir si certains aliments vous causent des problèmes, ou si certaines substances chimiques devraient être éliminées de votre environnement. Un sondage a été entrepris en octobre 1993 aux États-Unis pour déterminer quels aliments causent le plus couramment des problèmes aux personnes atteintes de la fibromyalgie et du SFC. Les résultats désignèrent le blé et les produits laitiers, le sucre, la caféine, les édulcorants, l'alcool et le chocolat.

Les diètes de rotation et d'exclusion

Il n'existe pas de tests de laboratoire parfaits pour diagnostiquer les intolérances alimentaires, mais les plus courants sont:

- les tests de sang
- les tests musculaires ou kinésiologie appliquée
- les tests électriques – tests véga
- les tests de pouls

Les allergies et les intolérances alimentaires peuvent être soulagées par l'élimination de l'allergène au moyen d'une diète d'exclusion; les aliments suspects sont plus tard réintroduits dans l'alimentation et leur effet évalué. Vous pouvez par ailleurs adopter une diète de rotation, selon laquelle les aliments suspects pourraient être consommés une fois tous les quatre jours.

Il est généralement préférable que les problèmes intestinaux soient traités en même temps que les allergies ou les intolérances, ou avant celles-ci, parce que la prolifération fongique ou le Candida pourraient nuire à l'absorption des aliments. Parallèlement à cela, une digestion incomplète attribuable à des niveaux d'acide chlorhydriques trop faibles ou d'une production d'enzymes déficiente pourrait provoquer des problèmes d'intolérance alimentaire. Le traitement par la nutrition et par les herbes devrait augmenter votre capacité àtolérer les aliments.

Les dérèglements intestinaux

De nombreux symptômes sans rapport apparent sont atténués ou éliminés quand le traitement est centré sur les intestins. L'écologie intestinale est essentielle à votre santé. Les muqueuses des intestins sont un élément important de vos défenses contre la maladie.

Votre médecin devrait travailler avec vous à normaliser votre temps d'élimination des déchets; le transit intestinal devrait se situer entre 8 et 14 heures. Vous devriez avoir sans effort deux ou trois selles inodores par jour. L'utilisation de nutriments et d'herbes — la vitamine C, le magnésium, les probiotiques (voir ci-après) et certaines combinaisons d'herbes spécifiques — devrait vous aider à normaliser vos selles.

Les infections à levure ou l'activité virale

Des études ont démontré qu'un pourcentage élevé de personnes atteintes du SFC et ayant des problèmes de prolifération fongique ont des antécédents d'utilisation d'antibiotiques à répétition. On trouve, dans les documents publiés par les groupes d'aide aux personnes atteintes du SFC, de nombreux témoignages concernant le rôle du Candida dans le SFC, que ce soit comme facteur déclenchant ou comme résultat. Néanmoins, il convient de préciser que plusieurs médecins mettent en doute la théorie du Candida.

Selon la théorie de la prolifération fongique, si les bactéries bénéfiques sont réduites considérablement par les antibiotiques, l'alimentation déficiente ou le stress, le Candida peut proliférer et de nombreux symptômes peuvent en découler. Ces symptômes ne sont pas forcément limités au tube digestif; par exemple, certaines personnes atteintes du SFC souffrent de muguet, de cystites, de démangeaisons anales, de ballonnements, de gaz et de fatigue pendant des années avant le déclenchement du SFC. Dans ce cas, on croit possible que les virus soient en mesure de vaincre un système immunitaire déjà affaibli, en accédant au corps grâce à un intestin en mauvais état (un intestin qui a été endommagé par les racines de micro-organismes fongiques). D'autres personnes atteintes du SFC peuvent développer des problèmes de prolifération fongique plus tard, une fois que le facteur viral déclenchant a pris le dessus, à cause d'un dérèglement du système immunitaire et de troubles de la digestion.

Le Candida albicans est le principal type de levure concerné; il est surtout réputé pour son rôle dans le développement de muguet. À la faveur d'une diète riche en sucre, de troubles de digestion et de stress, le Candida albicans peut se transformer en champignon et endommager les muqueuses du tube digestif, ce qui permet à des toxines nuisibles d'avoir accès au système sanguin. Des intolérances alimentaires peuvent en résulter, de même que de nombreux symptômes caractéristiques du SFC — la fatigue extrême, l'irritabilité du côlon, les douleurs musculaires et articulaires, le mal de gorge, la sensation de confusion et l'intolérance à l'alcool. La sensation de distension gazeuse abdominale, les démangeaisons anales, les gaz et le besoin anormal de sucre sont d'autres symptômes susceptibles d'indiquer la présence d'une prolifération de Candida.

Les probiotiques

Selon les naturopathes, l'environnement intestinal est toujours endommagé dans les cas de maladies chroniques et les probiotiques sont souvent utiles dans le traitement du SFC. Le terme «probiotique» est utilisé pour mettre l'accent sur le rôle positif que jouent les bactéries bienfaisantes. Les bactéries sont des micro-organismes vivants capables de produire une énorme quantité de réactions affectant le corps humain. Elles forment une partie importante de notre écologie intestinale: 30 pour cent du poids de la matière fécale humaine se composent de bactéries. Les bactéries les plus nombreuses et les plus bénéfiques sont les Lactobacilli acidophilus et les Bifidobacteria.

Les probiotiques:

- aident à maintenir le pH acide dans le gros intestin, qui en retour aide à maîtriser les micro-organismes qui causent des maladies, incluant la forme fongique du Candida;
- privent les micro-organismes nuisibles d'oxygène, d'aliments et de fer;
- favorisent la digestion du lactose contenu dans le lait;
- règlent l'immunité;
- synthétisent certaines vitamines et aident à l'absorption de certains minéraux;
- ont la capacité de générer certains produits antibiotiques.

Il n'est pas recommandé d'éliminer le Candida sans «semer» des probiotiques dans l'intestin, et sans «nourrir» celui-ci de facteurs de croissance pour favoriser la prolifération de bactéries intestinales normales, de même que de nutriments pour guérir les muqueuses gastriques. Comme il s'agit d'un problème très complexe, vous devriez toujours vous assurer la collaboration d'un praticien d'expérience.

L'ordre des traitements destinés à rétablir l'écologie intestinale varie selon les médecins, mais les traitements comprennent généralement les aspects suivants:

- Un support d'herbes et d'enzymes pour le foie est généralement recommandé au début du traitement, parce que le foie est souvent affaibli dans les cas de SFC et que le traitement du Candida augmente son travail.
- Certains médecins commencent également le traitement avec des dosages de probiotiques de 20 milliards de microbes par jour pendant une semaine ou deux, suivis de dosages de 4 milliards de microbes par jour, avec des antifongiques naturels.
- D'autres commencent avec un produit d'herbes combinées, comme l'Eradicidin Forte, qui contient de l'armoise, de l'épine-vinette et de l'extrait de pépins de pamplemousse. Ce produit a des effet antiviraux, antifongiques et antibactériens.
- Votre médecin peut, à un certain moment, introduire dans le traitement des produits destinés à guérir les muqueuses gastriques. Les meilleurs sont ceux qui combinent le NAG (N acétyl D glucosamine) et le L-glutamine. Le NAG est un agent actif de croissance des bifidobacteria et il aide à la formation des tissus connectifs qui revê-

tent le tube digestif. Le L-glutamine aide à la croissance du mucus qui tapisse les parois intestinales. L'acide butyrique est également utile et le beurre en est une source naturelle.

- Parmi les autres antifongiques naturels, notons la Candicidin dont l'action est la plus efficace, une préparation à effet retardé d'acide caprylique et un produit dérivé d'un extrait de pépins de pamplemousse. La Candicidin agit contre de nombreuses souches de Candida. Elle est préparée à base d'extraits d'huiles essentielles dont la capacité d'action s'étend au-delà des muqueuses gastriques. L'acide caprylique est un acide gras à chaîne courte; on le trouve dans le lait maternel et la noix de coco.

- Les concentrés d'ail ou l'ail cru frais sont d'autres antifongiques naturels. L'ail a également des propriétés antibactériennes et antivirales. Si vous ne voulez pas manger d'ail cru, vous devriez choisir un produit qui retient l'allicine grâce à un procédé de déshydratation par lyophilisation.

Ce type de traitement devrait entraîner une amélioration lente et constante, échelonnée sur des semaines et des mois, à la condition de suivre en même temps une diète sans sucre, comportant des hydrates de carbone raffinés et certains aliments fermentés.

Certains médecins utilisent encore des médicaments antifongiques comme le Nystatin et le Diflucan, mais on devrait d'abord essayer les nouveaux antifongiques naturels efficaces avant d'y avoir recours. Les naturopathes affirment qu'il existe un danger, particulièrement dans le cas du Nystatin, que l'utilisation prolongée ne détruise qu'un nombre limité de souches de Candida et permette à d'autres souches plus résistantes de demeurer indemnes. Le traitement basé uniquement sur les médicaments anti-fongiques et la diète, sans souci de repeuplement de l'intestin avec des bactéries bénéfiques et sans traite-ment des muqueuses gastriques, est voué à l'échec.

La parasitose est un autre problème susceptible de se produire quand l'équilibre des micro-organismes dans les intestins a été rompu. Les parasites intes-tinaux coexistent avec leurs hôtes humains, mais les personnes en santé les maîtrisent grâce au niveau d'acidité élevé dans l'estomac. Certaines herbes antiparasitaires peuvent être utilisées, dont l'armoise, une herbe chinoise, qui est la plus efficace.

L'anxiété et l'hyperventilation

Pour bien des personnes atteintes du SFC, l'an-xiété est une conséquence de leurs symptômes, mais elle peut aussi devenir un facteur d'aggravation. Votre médecin devrait prendre le temps de la soulager. Les irrégularités respiratoires, par exem-ple, peuvent provoquer des états d'anxiété. Il est possible d'inverser l'hyperventilation ou l'hyper-pnée en apprenant à détendre ses muscles, à respirer correctement et à calmer son esprit.

Leon Chaitow recommande les bains neutres pour provoquer la relaxation profonde et favoriser le sommeil (voir ci-dessus «L'hydrothérapie»).

Les douleurs musculaires reliées à des facteurs déclenchant

Les personnes atteintes du SFC décrivent divers types de douleurs qu'elles ressentent dans les articu-lations, les muscles, les ganglions lymphatiques (surtout ceux du cou et des aisselles) et la gorge.

Rien n'indique que les douleurs musculaires du SFC soient associées à l'inflammation, mais des zones gâchettes douloureuses peuvent se développer dans les muscles. Elles peuvent toutefois être soulagées.

Les zones gâchettes sont des zones extrêmement sensibles dans des bandes serrées de muscles qui sont douloureuses à la pression. Des douleurs et d'autres symptômes sont ressentis ailleurs dans le corps conséquemment à une pression dans les zones gâchettes et l'utilisation de ces muscles cause souvent de la douleur. Il semblerait que les zones gâchettes soient des régions où la consommation d'énergie est augmentée et l'apport en oxygène diminué à cause d'un problème de circulation localisé. Les muscles dans lesquels se trouvent des zones gâchettes sont incapables d'atteindre leur longueur de repos normale et ils sont donc maintenus constamment dans une position raccourcie.

Les zones gâchettes adoptent un cycle qui s'auto-entretient et ne disparaîtra pas sans un traitement adéquat. Elles sont entretenues ou aggravées par suite d'un stress musculo-squelettique, émotionnel ou autre, répétitif et continuel.

On croit qu'il y a une oxygénation inadéquate et une rétention des déchets acides dans les muscles surmenés à cause d'hyperpnée, ce qui fait qu'ils deviennent douloureux et raides. Les muscles les plus affectés sont principalement ceux du cou, des épaules et de la poitrine. Le résultat, c'est qu'ils utilisent constamment l'énergie d'une manière non productive, même durant le sommeil. La respiration incorrecte restreint également les articulations spinales qui s'attachent aux côtes, ce qui cause de la raideur et de l'inconfort. La douleur peut être atténuée et minimisée par:

- les techniques d'élongations spécifiques / contre-élongations, comme dans l'ostéopathie;
- la friction de la région affectée;
- l'acupuncture;
- la rééducation posturale et respiratoire.

L'insuffisance thyroïdienne et le stress surrénalien

L'insuffisance thyroïdienne et les problèmes de thermorégulation, qui causent une sensation de froid aux extrémités, peuvent être causés par un dérèglement des glandes surrénales. Il est possible qu'on vous demande de noter votre température pendant trois jours. Quand celle-ci plus d'un demi-degré plus basse que la moyenne, certains naturopathes prescriront de faibles doses d'extrait de thyroïde. La température du corps et la fréquence du pouls devront être rigoureusement surveillées pendant que cette approche est utilisée.

D'autres systèmes hormonaux sont également affectés dans les cas de SFC. Il est désormais possible de subir des tests qui indiquent les variations à la hausse et à la baisse des fonctions surrénales au moyen d'échantillons de salive prélevés à divers moments de la journée. Un traitement basé sur des nutriments spécifiques peut alors être efficacement conçu pour tenter de normaliser les fonctions surrénales.

Les troubles du sommeil

Outre le recours à diverses thérapies naturelles, vous pourrez peut-être soulager vos troubles de sommeil à l'aide de dispositifs utilisant des signaux électromagnétiques transmis au moyen d'une sorte de micro-ordinateur qui se porte autour du cou ou du poignet. Activés par une pile miniature ou une puce électronique, les signaux sont perçus par le système nerveux et transmis au cerveau. Ces signaux «comblent» les fréquences manquantes dans les cas de SFC et l'on croit qu'ils aident à soulager les problèmes de sommeil, à augmenter les niveaux d'énergie et à «éclaircir le cerveau». Bien que des recherches sont encore en cours sur la pertinence de ces dispositifs dans les cas de SFC, des expériences ont démontré leur efficacité dans les cas de migraine.

Fabienne

Fabienne est âgée de 39 ans et son conjoint lui est d'un grand soutien. Son SFC a été consécutif à une carrière très stressante dans la publicité. La maladie s'est déclarée après une infection virale dont elle ne s'était pas remise complètement. Après avoir passé plusieurs mois sans énergie, avec l'esprit confus, des douleurs musculaires et des troubles de sommeil, elle a été forcée d'utiliser un fauteuil roulant. On lui a par la suite administré en milieu hospitalier un traitement comportant de fortes doses de médicaments IMAO (inhibiteurs de la mono-amine-oxydase), lequel provoque le sommeil de manière à permettre au système nerveux central de se reposer. Pendant son séjour à l'hôpital, elle a également subi une thérapie cognitivo-comportementale (TCC).

Elle a retiré des bienfaits de la TCC, en ce sens que celle-ci l'a aidée à envisager sa maladie dans une optique positive. Cependant, ce ne fut que quand elle a entrepris de changer sa diète et de suivre le programme de traitement anti-Candida que ses symptômes ont commencé à s'atténuer. Son esprit est par ailleurs devenu plus clair quand elle a éliminé le gluten de sa diète. Comme l'avoine a une faible teneur en gluten, elle a pu réintroduire, après quelque temps, cette céréale dans son alimentation, en assurant une rotation.

En même temps, elle a entrepris un cours de yoga curatif. Ainsi, elle a pu améliorer ses fonctions musculaires, apprendre à respirer correctement et à relaxer. Le yoga lui a donné le sentiment qu'elle pouvait de nouveau contrôler sa santé et son bien-être. Au début, elle devait se reposer au lit pendant deux jours après chaque cours, puis ces deux jours devinrent deux heures, et maintenant elle est capable de pratiquer le yoga et de se sentir pleine d'énergie et tout à fait détendue sans avoir besoin de repos après les séances.

Ses troubles de sommeil se sont corrigés avec l'aide d'un dispositif de rétablissement des ondes cérébrales. Elle est convaincue que le dispositif est efficace, parce que quand la pile s'épuise sans qu'elle s'en rende compte ses cycles de sommeil sont à nouveau perturbés, et ils reviennent à la normale quand elle remplace la pile.

Le fait de trouver un homéopathe à la fin de tout ce traitement fut comme «la cerise sur le gâteau». Selon elle, l'homéopathie aurait été trop discrète à une étape antérieure, mais maintenant elle agit de manière subtile pour lui procurer une énergie plus durable.

CHAPITRE 8

Le traitement de l'esprit et des émotions

La bataille menée pour faire reconnaître le SFC a finalement forcé l'attention de certains médecins. Mais la lutte engagée pour «démontrer» le fondement physique de la maladie a fait oublier l'idée que la guérison peut être accélérée si l'on traite également l'esprit et les émotions. La douleur, le dérèglement hormonal, le manque de sommeil, le désespoir face à la disparition des capacités antérieures et la colère provoquée par la perte d'anciennes relations et styles de vie jouent tous un rôle. L'ambivalence de la médecine et sa réticence à reconnaître la réalité de cette maladie donnent aux personnes atteintes du SFC toutes les raisons d'éprouver de la colère, de la peine et du désespoir.

Les liens vitaux entre la santé physique et les pensées ou les émotions sont les hormones et les neurotransmetteurs, produits par le système endocrinien dans le cerveau. Les hormones règlent nos humeurs, mais à un niveau fondamental, nous influençons également nos hormones par notre façon de penser. Le fait de se sentir déprimé peut affaiblir le système immunitaire, ce qui permet à la maladie de prendre le dessus. Le présent chapitre examine les nombreuses façons dont vous pouvez agir sur vous-même, parfois avec l'aide d'autres personnes, pour guérir votre esprit et vos émotions, et finalement votre corps lui-même.

Quelles que soient les techniques ou les thérapies que vous choisissez pour travailler sur vos émotions, vous devez comprendre que d'autres thérapies, comme celles que nous avons décrites dans le chapitre précédent, peuvent être nécessaires. Il y a peu de chances qu'un seul changement ou une seule intervention puisse vous guérir du jour au lendemain. La vision réaliste d'un lent processus d'amélioration graduelle sur plusieurs fronts permet de nourrir plus d'espoirs.

Calmer l'esprit

On ne peut parvenir à la relaxation qu'avec un esprit calme — où la réflexion, l'analyse et l'anxiété sont faibles, voire absentes. Vous pouvez y arriver en réexaminant votre relation avec votre esprit. Dans la culture occidentale, nous croyons que la pensée est le centre de notre être. Dans les cultures orientales, le centre ou le noyau, c'est l'âme, l'esprit ou la conscience.

Le docteur William Collinge, dans son indispensable ouvrage intitulé Recovery from ME, affirme que puisque dans les cas de SFC, l'esprit et son fonctionnement peuvent être affectés par le syndrome, il est possible de retrouver un certain pouvoir ou un certain contrôle en prenant conscience que l'on peut se séparer de ses pensées. Il en résulte que l'on commence à admettre que le syndrome est transitoire, que les symptômes vont et viennent, que la guérison est possible.

Les conditions suivantes sont toutes indispensables pour calmer votre esprit:

- la volonté de vous exercer régulièrement — pendant une période spécifique tous les jours, disons 30 minutes;
- la volonté de combattre votre résistance — votre esprit va résister et préférer demeurer actif et vous devrez réaffirmer votre détermination à vous exercer régulièrement;
- la volonté de ne pas porter de jugement sur vous-même — votre esprit usera de toute son habileté afin de saboter vos efforts pour le changer et il essaiera d'introduire des pensées qui feront obstacle à ce que vous essayez d'accomplir;
- la création d'un environnement adéquat — confortable, dépourvu de toute distraction susceptible d'être causée par des personnes, des bruits ou le téléphone.

Les techniques destinées à calmer l'esprit, qui se concentrent sur le «moment présent», sont faciles à suivre, mais elles peuvent prendre quelque temps avant de réussir. Les voici:

- utilisez la respiration et regardez votre ventre se soulever et se relâcher. Comptez les inspirations et les expirations par paires jusqu'à 10. Recommencez ou concentrez-vous sur le début, le milieu et la fin de chaque respiration;
- utilisez des mots ou des sons — des mots qui ont un effet calmant, ou une phrase comme «guérir maintenant», selon la méthode utilisée dans la méditation;

- utilisez la «relaxation progressive» en vous concentrant sur diverses parties de votre corps et en les relaxant une par une.

Un exercice de respiration simple

Après avoir ajusté votre respiration et relaxé votre corps, en position assise ou allongée, les yeux fermés, concentrez votre attention sur votre souffle, tandis qu'il entre dans vos narines et en ressort. Concentrez-vous exclusivement sur vos narines et sur le mouvement du souffle en elles. Sentez l'air qui entre et qui sort.

Les sensations peuvent passer de la douceur de la plume à la démangeaison ou au plaisir intense et varier à l'infini. Rappelez-vous qu'il n'y a pas de bonne ou de mauvaise façon de faire cet exercice. L'accent est placé sur la respiration. Si votre esprit commence à vous distraire, essayez de compter «un» à l'inspiration et «deux» à l'expiration. Si cela ne fonctionne pas, ramenez votre esprit calmement et essayez de nouveau.

La méditation est une façon de reposer son esprit et les techniques utilisées ne diffèrent pas de ce que nous venons de décrire. Il peut cependant être utile de se faire enseigner comment faire. Certaines associations holistiques produisent des cassettes de relaxation et de méditation. Renseignez-vous auprès de l'une d'entre elles.

Un homme qui a guéri du SFC a découvert qu'il avait besoin de combiner la méditation avec le mouvement et les massages. Il dit: «Vous devez atteindre un stade où vous pouvez vous voir heureux et en santé durant la méditation, et être capable de vous témoigner à vous-même un amour totalement inconditionnel.»

La visualisation

La technique de visualisation a recours au pouvoir de votre imagination pour promouvoir votre bien-être. Certaines personnes ont plus de facilité à utiliser les images visuelles, alors que d'autres réagissent mieux aux sons ou aux histoires axées sur la suggestion. Néanmoins, cela peut vous aider considérablement à vous détendre de vous imaginer dans un endroit beau et accueillant qui a une signification spéciale pour vous. En ayant recours à l'imagerie d'un combat, certaines personnes atteintes du SFC réussissent à imaginer que leur système immunitaire expulse les radicaux libres. D'autres préfèrent utiliser une imagerie moins violente. Le mieux est de trouver celle qui vous convient.

Les affirmations

Les affirmations sont des façons de vous parler à vous-même de manière positive et favorable à la santé. Elles sont plus efficaces si vous les répétez plusieurs fois à divers moments de la journée. Voici des exemples: «Je m'accepte comme je suis» ou «Ma santé s'améliore et je reprends des forces.» Combinées à la relaxation et à la visualisation, les affirmations ont aidé de nombreuses personnes à transformer des attitudes négatives en attitudes plus positives.

L'autorelaxation

L'autorelaxation est l'une des techniques de relaxation et de gestion du stress les plus pratiques qui soient. Il s'agit d'une série d'exercices mentaux, reconnus par la médecine, qui ont été conçus pour désamorcer les réactions de lutte ou de fuite et maintenir un équilibre dans le lien entre l'esprit et le corps. Les exercices peuvent facilement être pratiqués n'importe où et n'importe quand, mais vous avez besoin d'un cours initial individuel ou en groupe. L'autorelaxation consiste à diriger votre attention vers l'intérieur et à concentrer votre esprit sur des phrases relatives à diverses parties de votre corps, de la façon suivante:

- des sensations de lourdeur dans votre corps;
- une chaleur dans vos bras et vos jambes;
- les battements calmes et réguliers de votre coeur;
- votre respiration facile et naturelle;

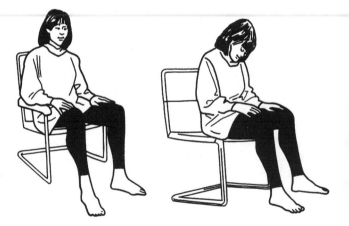

Figure 4. Positions d'autorelaxation

• une sensation de fraîcheur dans votre tête.

Des changements dans la circulation et la température se produisent dans les régions du corps sur lesquelles vous vous concentrez; de manière générale la technique aide au contrôle de la douleur, à la relaxation et au sommeil.

La biorétroaction

Dans la technique de biorétroaction, l'utilisation de la technologie pour accéder aux rétroactions de l'esprit et du corps peut aider les personnes qui jugent les autres avenues trop lentes. Un compteur est utilisé pour vous aider à reconnaître les réactions de votre corps, mesurées au moyen d'électrodes que vous tenez dans vos mains ou qui sont fixées sur votre tête. Le compteur perçoit la différence entre les sensations de tension et les sensations de calme, de sorte que vous apprenez graduellement à sentir la différence vous-même et que vous êtes alors en mesure d'effectuer des changements positifs.

Le tai-chi-chuan

On appelle souvent le tai-chi-chuan «méditation en mouvement». On croit qu'il s'est développé au VIe siècle en Chine en combinant la philosophie taoïste avec les arts martiaux. Il comporte une série de mouvements lents qui favorisent le flux d'énergie. Vous pouvez vous préparer à cette thérapie vous-même en lisant le livre rédigé par le Maître Lam Kam Chuen. Grâce à ce livre, vous pourrez apprendre des exercices que vous pourrez pratiquer, même si vous êtes alité.

Le yoga

Le yoga convient aux personnes de tous âges, quel que soit leur niveau de forme physique. C'est l'une des thérapies les plus complètes qui soient pour le corps et l'esprit. Il est particulièrement recommandé pour les personnes atteintes du SFC. Vous apprendrez la façon de respirer correctement, des mouvements d'étirement modérés et des positions qui augmenteront graduellement votre souplesse et vos réserves d'énergie. Le yoga vous aidera à améliorer votre état mental et vous en tirerez de profonds avantages psychologiques.

Vous trouverez sûrement sans difficulté des cours de yoga offerts près de chez vous. Il est toutefois préférable de rechercher un professeur qui comprendra votre besoin particulier de progresser très lentement.

La technique Alexander

F. Mathias Alexander était un comédien du début du siècle qui avait des problèmes avec sa voix quand il était sur la scène. Il découvrit que la cause en était une tension dans son cou et sa gorge. La technique qu'il a mise au point contribue à freiner les vieilles habitudes, en utilisant le lien entre l'esprit et le corps pour relâcher la tension et l'effort musculaire excessif. Une grande part du SFC semble résider dans la sensation que le corps est en total désaccord avec lui-même. La technique Alexander vous aide à soulager le fardeau, à réduire la fatigue et à améliorer votre bien-être général. Elle peut également faciliter la pratique du yoga. Bien qu'elle soit parfois enseignée en groupes, il est préférable qu'elle soit enseignée individuellement dans le cas des personnes atteintes du SFC.

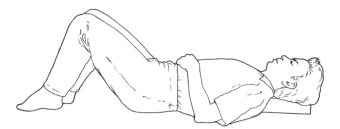

Figure 5. Une position de relaxation de la technique Alexander

Dans le présent chapitre, nous avons examiné certaines techniques que vous pouvez apprendre pour guider votre esprit et votre corps vers la guérison. Les secrets de l'auto-guérison semblent être de trouver un environnement calme et harmonieux, de faire de la relaxation musculaire consciente, de prendre conscience de sa respiration, de calmer son esprit, d'adopter une imagerie mentale positive et d'exprimer librement ses émotions. Il vous revient de trouver le temps et la détermination nécessaires pour les mettre en pratique.

Guillaume

Guillaume, une personne très active qui aimait les activités de plein air et avait une carrière prometteuse, dut s'aliter après une longue période durant laquelle son énergie avait considérablement diminué, de même que sa capacité de se concentrer. Pendant trois ans, il a été incapable de lire, de monter des escaliers ou même de faire de longues marches. Quand il a commencé à perdre la vue, il a accepté d'être admis dans une aile psychiatrique et d'être suivi par un psychiatre spécialisé dans les cas de SFC. Son état a empiré et après cinq semaines, il a connu ce qu'il appelle une «rupture» de ses fonctions émotionnelles et physiques.

Durant les trois années qui suivirent, il pratiqua le tai-chi-chuan et le yoga, de même que toute une gamme de thérapies et d'activités axées sur l'expression. Il commença à ressentir des douleurs intenses dans le cou et les épaules, et pendant les deux années suivantes, il connut deux rechutes importantes qui entraînèrent une incapacité totale durant plusieurs mois. Il a ensuite découvert le système chinois d'exercice de l'énergie interne appelé zhan zhuang, qui signifie «droit comme un arbre». Il s'agit de la forme la plus puissante du chi kung. Après quelques minutes d'exercices, il a ressenti une augmentation d'énergie, mais la douleur l'a empêché de poursuivre plus longtemps. Avec le temps, il a pu augmenter sa tolérance, et il a réalisé des progrès appréciables, jusqu'au point où il réussit à passer plusieurs heures chaque jour à faire les exercices.

Il a aussi commencé à pratiquer la méditation en utilisant la technique simple qui consiste à prendre conscience de sa respiration; avec le temps, il est également parvenu à s'y adonner plusieurs heures par jour. À l'occasion d'une retraite axée sur la méditation, il dit avoir connu «des moments de paix et de compréhension indescriptibles». Il ajoute: «J'ai pris conscience des raisons de ma maladie et je pouvais attribuer ma guérison subséquente à mon propre état d'esprit, qui avait progressivement évolué du négatif au positif et que j'avais finalement réussi à maîtriser.»

Une deuxième retraite axée sur la méditation lui a permis de relâcher les tensions physiques de son corps. Il commença à sentir des flux d'énergie dans ses membres, et sa souplesse et ses forces lui revinrent. Il développa un système d'auto-massage, consistant à exercer des pressions sur toutes les régions de son corps, à la recherche des endroits douloureux et sensibles, qui se dispersaient graduellement grâce à des pressions supplémentaires.

Il a maintenant recommencé à faire du jogging, de la natation, de la bicyclette et même de la marche en montagne. Il savait qu'en guérissant il s'exposait à devoir procéder à des changements dans tous les domaines de sa vie. Il n'a pas repris son ancien travail. Il espère plutôt aider les autres à trouver leur propre voie vers le changement.

Pour éviter les pièges du lien entre l'esprit et le corps

- Ne vous faites pas de reproches. Prenez la responsabilité du moment présent.
- L'espoir n'est pas irréaliste, mais il doit s'accompagner d'une compréhension réaliste des enjeux.
- Les émotions ne devraient pas être considérées négatives ou positives. Elles représentent plutôt une expression de votre force vitale et doivent être reconnues, quelles qu'elles soient. Le fait de réprimer vos émotions négatives signifie que vous retardez votre acceptation de vous-même.
- Évitez l'angoisse de la performance et la peur de l'échec quand vous essayez de nouvelles techniques ou thérapies.
- Ne placez pas tous vos espoirs de guérison dans une seule chose. Il est difficile de ne pas savoir à quoi s'en prendre quand une maladie a plus d'une cause. Ne vous faites pas de reproches. Faites de votre mieux et soyez patient.

CHAPITRE 9

Le traitement de la force vitale

Certaines thérapies agissent sur le plan des énergies et des vibrations. La médecine vibratoire considère le corps comme une série de champs d'énergie en interaction. Cette perspective se représente le corps comme un circuit électrique. Par ailleurs, elle reconnaît le rôle d'autres énergies qui sont difficiles à mesurer, comme l'énergie psychique.

L'acupuncture

L'acupuncture a vu le jour en Chine voilà plus de 4 000 ans et elle serait aujourd'hui pratiquée par plus de trois millions de personnes dans le monde entier. En Occident, de plus en plus de médecins apprennent cette thérapie, parce qu'ils sont impressionnés par sa capacité de contrôler la douleur et de guérir les dépendances. Certaines opérations peuvent être pratiquées grâce à l'acupuncture sans recours aux anesthésiques.

Le traitement se pratique au moyen d'aiguilles d'acier très fines, dont l'insertion n'est généralement pas douloureuse et vise à stimuler l'énergie subtile du corps (qu'on appelle ki) à l'un des 361 points spécifiques situés le long des 14 méridiens ou lignes de cheminement d'énergie contenus dans le corps. Certains praticiens combinent l'acupuncture avec

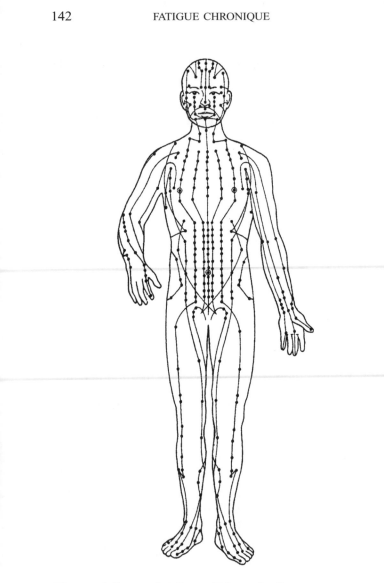

Figure 6. Les méridiens d'énergie de l'acupuncture

l'utilisation d'herbes chinoises. L'acupression utilise la pression des doigts (et parfois des coudes, des genoux ou des talons) plutôt que les aiguilles.

Comment les personnes atteintes du SFC réagissent à l'acupuncture

Les réactions à l'acupuncture varient énormément. Un sondage restreint mené en Angleterre en 1966 révélait que certains patients avaient fait des progrès énormes, tandis que d'autres avaient connu des rechutes ou n'avaient constaté aucun changement de leur état. Voici quelques commentaires de personnes chez qui l'expérience avait été positive:

«J'ai trouvé l'acupuncture très efficace pour soulager les symptômes les plus pénibles, dont la difficulté de me lever à cause d'épuisement ou de douleurs, les douleurs articulaires, les malaises généraux de la grippe, l'hypersensibilité aux bruits, les pertes de mémoire et les troubles de la concentration, la sensation de froid intense durant la nuit et l'insomnie. Bien que le traitement n'ait pas chassé la maladie, il a nettement amélioré la qualité de ma vie quotidienne.»

«Il n'y a aucun doute que l'acupuncture a amélioré mes niveaux d'énergie physique. Elle a également aidé à réduire mon anxiété. Quand les aiguilles pénétraient dans mon corps, je me sentais comme un radiateur dont les valves venaient d'être ouvertes pour en relâcher la pression. En 30 secondes, mes poings se desserraient et je me sentais très détendu. Aussitôt que j'ai cessé le traitement pour aller en vacances, j'ai connu une grave rechute. Puis, après avoir repris mes traitements d'acupuncture, mon état s'est stabilisé en deux semaines. Les progrès que j'ai accomplis sont encore perceptibles, même si j'ai cessé le traitement depuis plus de six mois.»

La guérison

La guérison est souvent appelée à tort «guérison par la foi», mais il n'est pas nécessaire de croire à ses vertus pour qu'elle agisse. C'est une façon simple et sans danger d'affecter le corps en utilisant le toucher ou en étendant les mains au-dessus du corps. Des expériences ont également démontré que la guérison peut être réalisée à distance, par la pensée ou par l'examen d'une photographie. C'est l'aspect de la guérison le plus difficile à comprendre, mais des expériences ont révélé une différence dans le rythme de croissance des plantes placées à l'extrémité de réception de la guérison à distance.

Les personnes qui sont sensibles à la guérison ressentent des changements de température, soit une chaleur intense, ou plus rarement, un froid soudain. D'autres ressentent un fourmillement, comme de l'électricité ou des brusques déplacements d'énergie dans leur corps. Mais il n'est pas nécessaire de ressentir quoi que ce soit pour que cela fonctionne. Les guérisseurs travaillent de différentes façons, mais la plupart sont capables de sentir des changements dans le corps sur un plan vibratoire et ils travaillent à dégager l'énergie stagnante en transférant de l'énergie de leur corps vers celui du client.

Des visites régulières au guérisseur aident certaines personnes atteintes du SFC; elles les détendent et leur redonnent de l'énergie. Si vous n'en tirez aucun bénéfice, vous devriez essayer un autre guérisseur ou une thérapie différente qui vous conviendrait mieux.

Le toucher thérapeutique

Le toucher thérapeutique (TT) est une version moderne de la guérison. Il est particulièrement utilisé aux États-Unis, où le fait de se désigner comme guérisseur doté de pouvoirs psychiques ou surnaturels est illégal dans plusieurs États. Néanmoins, le TT est basé sur le même principe de transfert d'énergie au moyen du toucher et son utilisation par les infirmières dans les cliniques et hôpitaux américains est de plus en plus répandue.

Le reiki

Le reiki est une technique d'imposition des mains dont l'origine remonterait à des milliers d'années au Tibet. Elle a été redécouverte au milieu du XIXe siècle par un moine japonais et s'est fait connaître en Occident vers la fin des années 1930. Le reiki fonctionne sur la base d'énergie canalisée, une énergie universelle invisible que le praticien tire dans le corps et fait sortir par les mains du patient, lequel en éprouve généralement une sensation de chaleur. Des réactions désagréables sont courantes au début et elles sont bienvenues. Le reiki est utile pour les personnes atteintes du SFC, parce qu'après une formation, il peut être auto-administré.

Annette

Après avoir développé une myocardite (une infection virale), Annette a été atteinte du SFC, avec tous les symptômes: perte d'énergie, confusion mentale, douleur musculaire et maux de tête continuels. Elle a passé six semaines à l'hôpital, incapable de se lever pendant plus de deux heures par jour. Un an plus tard, elle a essayé sans succès divers antidépresseurs. Le fait d'entreprendre une thérapie lui a cependant été bénéfique. Quand elle y repense, elle considère que ce fut le point tournant. «Ce ne fut pas facile de faire le ménage dans mes vieilles émotions, mais j'ai fini par comprendre, puis changer, mes modes de comportement; j'en ai tiré des leçons qui m'ont aidée à m'engager sur le chemin de la guérison.»

Obligée de retourner en emploi parce qu'elle vivait seule et n'avait aucun autre moyen de subsistance, elle travaillait trois jours par semaine et en prenait quatre pour s'en remettre. En même temps, elle essayait tous les traitements qu'elle pouvait trouver, incluant l'acupuncture, l'homéopathie, la nutrition et un dispositif pour corriger les fréquences cérébrales. Ce dernier l'aidait à travailler. Le traitement qui a le plus amélioré sa santé, cependant, fut le reiki.

Les trois premières séances ont provoqué des réactions de nettoyage et de détoxication qui, sans les encouragements de son thérapeute, l'auraient incitée à abandonner le traitement. Toutefois, après le quatrième traitement, elle a constaté qu'elle pouvait abuser un peu de ses forces sans souffrir des conséquences habituelles, comme la perte d'énergie ou les rechutes. «J'étais alors tout simplement fatiguée, normalement et sainement, et c'était merveilleux. Graduellement, j'ai fini par accepter que l'incroyable pouvait devenir permanent.» Annette sait qu'elle n'est pas redevenue à 100 % ce qu'elle était, mais elle a probablement atteint les 90 %. Elle a commencé à apprendre elle-même la technique, qu'elle utilise en plus pour les maux de tête et les douleurs sans gravité et pour soulager ses amis. Elle appelle ce cadeau de l'auto-guérison sa voie de retour à la réalité.

L'homéopathie

L'homéopathie utilise des substances pathogènes diluées en quantités infimes et secouées vigoureusement plusieurs fois pour augmenter leur puissance. Ces substances peuvent alors être utilisées pour guérir des maladies. Cela peut sembler étrange, mais en dépit du scepticisme manifesté par certains médecins, cela fonctionne et est sans danger. Au Royaume-Uni, c'est la plus ancienne thérapie naturelle offerte gratuitement par le service de santé nationale, par l'entremise de médecins qui ont également une formation en homéopathie.

Quoique certains homéopathes aient tenté de démontrer que l'homéopathie était efficace dans les cas de SFC, il n'existe pas beaucoup de preuves, anecdotiques ou autres, qu'elle fonctionne par elle-même. Cependant, elle peut être utile quand le SFC est en voie de guérison.

La réflexologie

Dans la réflexologie, les pieds sont considérés comme une carte du corps, auquel ils sont reliés par

10 lignes d'énergie verticales semblables aux méridiens chinois ou aux lignes de cheminement d'énergie. Des dépôts cristallins sous la peau indiquent un déséquilibre et le fait de masser la zone pertinente sur le pied (voir Figure 7) peut procurer un soulagement à l'organe ou à la région affectés. La réflexologie est particulièrement utile chez les personnes qui sont trop souffrantes pour que la région affectée soit traitée directement ou quand il s'agit de traiter un organe difficile à atteindre.

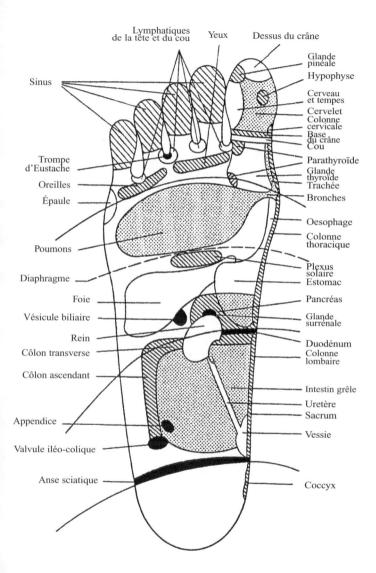

Figure 7. Les zones de réflexologie du pied droit

CHAPITRE 10

Le syndrome de fatigue chronique chez les enfants

Les symptômes les plus courants chez les enfants atteints du SFC sont les suivants:

- lassitude anormale, épuisement, fatigue, souvent sans perte de motivation, et sensation d'épuisement après une nuit de sommeil;
- déclenchement aigu avec fièvre, avec ou sans mal de gorge, et tuméfaction ganglionnaire;
- douleurs musculaires ou sensibilité au toucher;
- troubles de concentration;
- maux de tête (persistants et résistants aux analgésiques);
- cycles de sommeil perturbés, c'est-à-dire différents de la normale;
- endolorissement sensation d'avoir «mal partout»;
- troubles de circulation, sensation de chaleur mais corps froid au toucher, mains gelées par une journée chaude, ou sensation simultanée de chaud et de froid dans le corps;
- troubles de mémoire, difficulté à nommer les objets;
- anorexie / nausées;
- douleurs intenses à la poitrine ou à l'estomac une grande partie de la journée;
- douleurs dans les membres ou le dos;

- vue brouillée ou difficulté à lire pendant plus de dix minutes à cause de douleur aux yeux, modification de la sensibilité à la lumière ou aux sons;
- changement persistant des habitudes de selle, par rapport à l'état normal;
- station debout considérablement plus fatigante que la marche.

Il semble que les formes les plus graves de la maladie soient plus courantes chez les enfants que chez les adultes. Ce sont les symptômes neurologiques qui sont souvent pires, par exemple:

- les étourdissements;
- la confusion de l'esprit;
- les maux de têtes incessants;
- les épisodes de tremblements violents;
- la sensibilité à la lumière;
- la difficulté à avaler;
- l'hypersensibilité au bruit.

Il y a très peu de recherches indiquant les taux de guérison. Cependant, des preuves anecdotiques suggèrent que les enfants guérissent, quoique par la suite, ils doivent faire attention pendant longtemps à ne pas forcer la note. Une attitude positive d'acceptation de la part de l'équipe médicale est essentielle aux progrès. Les parents ont également besoin de soutien. Le niveau de soins dont l'enfant a besoin est très élevé; certains enfants sont incapables de se nourrir et ont de la difficulté à avaler, tandis que d'autres sont incapables de sortir du lit sans aide.

La prévalence et la durée

Une étude américaine a révélé qu'environ deux enfants sur 1 000 étaient atteints du SFC, quoique les critères utilisés ont été jugés depuis, trop étroitement définis. Au Royaume-Uni, on a estimé qu'il y avait jusqu'à 25 000 enfants atteints du SFC. Selon une étude récente entreprise par les docteurs Betty Dowsett et Jane Colby auprès de 1 098 écoles anglaises sur une période de cinq ans, 51 pour cent des absences prolongées étaient attribuables au SFC. La prévalence moyenne était de 70 par 100 000.

Le SFC n'affecte pas les enfants de moins de cinq ans, alors qu'entre cinq et douze ans, le début de la maladie est plus susceptible d'être graduel. La puberté est la période habituelle de déclenchement, laquelle commence la plupart du temps à la suite d'une infection virale.

Les données américaines suggèrent que contrairement aux adultes, les deux sexes sont représentés également chez les enfants atteints du SFC, mais après la puberté, les filles sont plus susceptibles de le développer que les garçons — une étude réalisée auprès des patients d'un thérapeute a révélé que 16 étaient de sexe masculin et 38 de sexe féminin. La durée de la maladie chez ces enfants variait de quatre mois à sept ans.

Certains enfants voient leur état empirer après un retour à l'école hâtif: ils peuvent avoir une quantité d'énergie rigoureusement limitée pour toute la journée et peuvent avoir besoin de se reposer après le trajet jusqu'à l'école, à la suite d'un déplacement dans l'école ou après un effort mental ou physique. Naturellement, les absences engendrent plus de pressions à cause de la nécessité de rattraper le temps perdu, ce qui peut provoquer une rechute.

Le diagnostic

Chez les enfants, le SFC suscite encore plus de controverses que chez les adultes parce que leur description des symptômes fait souvent croire qu'ils ont une origine émotionnelle: en conséquence, on les pousse à faire de l'exercice ou à retourner à l'école. On présume que la maladie comporte l'avantage secondaire de constituer une occasion de manquer l'école. Mais les caractéristiques centrales de la phobie de l'école sont que l'enfant est actif à la maison mais pas à l'école, qu'il n'y a pas de maladie physique et que l'angoisse de la séparation ou la crainte d'être tyrannisé à l'école en sont les principaux facteurs sous-jacents.

Les plaintes somatiques sont courantes chez les enfants et c'est pourquoi, considérant la nature incohérente des symptômes, il est compréhensible que les pédiatres aient parfois du mal à diagnostiquer le SFC chez les enfants. Selon les docteurs Frank Albrecht et Rebecca Moor, une partie du problème réside dans le fait que les enfants eux-mêmes décident que leurs symptômes sont trop normaux pour être mentionnés ou tellement étranges qu'il est préférable de les cacher. Les enfants sont moins sûrs de leurs capacités que les adultes, et leurs symptômes peuvent se manifester sous forme de difficultés progressives à l'école. De plus, les enfants n'ont pas l'autonomie et l'assurance nécessaires pour tenir tête aux adultes qui ne les croient pas. Enfin, ils ont tendance à croire ce que les adultes leur disent. Si donc on leur dit qu'ils ne sont pas malades, ils essaient de le croire.

Les pressions scolaires et sociales

Un fait souvent négligé est que les enfants gravement affectés par le SFC sont incapables de supporter l'école à temps plein en raison d'une combinaison de fatigue physique et de troubles cognitifs; ce facteur est absent dans la plupart des autres maladies chroniques de l'enfance. Les cours privés à la maison, dont le rythme peut être augmenté graduellement selon l'amélioration de l'état de l'enfant, sont parfois une solution; l'enfant pourra éventuellement retourner à l'école à temps partiel, puis à temps plein, moyennant des traitements et une supervision rigoureux.

De nombreux médecins, cependant, s'inquiètent des dommages que peut subir l'enfant du fait de l'isolation sociale que représentent les cours privés, par rapport à la fréquentation de l'école. Il s'agit d'un problème très réel: comme la maladie est souvent grave chez les enfants, elle entraîne généralement une perte de contact avec les amis, ce qui peut engendrer des problèmes d'estime de soi et des difficultés dans les relations. Quand ils tombent malades, les adultes peuvent souvent se souvenir de leurs réalisations professionnelles passées, des plaisirs qu'ils ont connus ou de satisfactions éprouvées dans d'autres domaines de leur vie. Les enfants vivent dans le moment présent et ils ont peu de souvenirs auxquels se raccrocher. Leur avenir semble être abrégé à cause de la maladie. Souvent, ils manquent des années d'éducation vitales, de même que des occasions essentielles d'apprentissage de la vie en société et de l'indépendance. La question de savoir si l'insistance de la médecine à renvoyer l'enfant à l'école le plus tôt possible est justifiée fait toujours l'objet de discussions et est étayée par des opinions diverses sur les causes et les traitements. Il est certain que les craintes des médecins à l'égard de l'inactivité complète doivent être prises au sérieux. Il est nécessaire que l'enfant accomplisse chaque jour certains mouvements, plutôt que de garder le lit et de rester totalement inactif.

Toutefois, dans les cas où un diagnostic erroné de phobie de l'école est posé, il est souvent difficile pour le médecin d'obtenir la collaboration de la famille. Le sentiment de la famille selon lequel il y a autre chose qu'un désir d'éviter l'école est considéré par les autorités médicales comme une attitude propre à faire obstacle au traitement approprié — qui consiste à apprendre à l'enfant à surmonter la dynamique familiale qui le retient à la maison et à encourager l'activité. Il peut être bon d'offrir à certaines familles des thérapies et du soutien, dans les cas où le SFC n'est peut-être pas le diagnostic approprié ou quand la difficulté de surmonter le SFC augmente tellement le stress et la peur que l'enfant est précipité dans une spirale de souffrances descendante.

L'enfant atteint du SFC devient dépendant, impuissant et apparemment à la merci d'une maladie que même les adultes ne comprennent pas. Les enfants peuvent être profondément affectés par les attitudes des personnes qui les entourent. La peur et le pessimisme qu'ils perçoivent chez les autres peuvent les plonger dans un profond désespoir. À l'opposé, il leur sera extrêmement bénéfique de sentir que les adultes sont sûrs d'eux-mêmes et travaillent en collaboration avec toutes les agences concernées. Ceci est essentiel parce qu'autrement, la tristesse de l'enfant devant son incapacité d'apprendre et la perte de ses amis peuvent devenir accablantes, ce qui peut provoquer de l'irritabilité, un repli sur soi et occasionnellement des pensées suicidaires et de la dépression.

Il est important que les parents aident les enfants à ne pas se sentir impuissants. Les enfants ont besoin de savoir qu'on les écoute, et qu'on ne leur fera rien qui puisse leur faire du mal ou provoquer une rechute. Quels que soient le soutien et le traitement utilisés, ceux-ci devraient faire partie d'un programme auquel consent et participe l'enfant ou le jeune adulte. Un des problèmes pour les enfants découle de l'administration du traitement. Les enfants ont plus de difficultés à accepter les restrictions et à comprendre que guérir du SFC peut prendre du temps.

Le docteur Alan Franklin, un pédiatre anglais qui traite un nombre substantiel d'enfants atteints du SFC, a connu beaucoup d'enfants qui ont perdu confiance envers les conseillers médicaux et autres, parce que ces problèmes n'avaient pas été reconnus. Un autre problème est la dépendance excessive envers leurs parents, que le personnel médical pourrait interpréter comme la cause du SFC plutôt que son résultat. Les parents sont soupçonnés d'entretenir cette dépendance pour satisfaire leurs propres besoins. En fait, la plupart d'entre eux manifestent à l'origine une attitude de protection pour défendre leur enfant contre un traitement qu'ils craignent être inadéquat, à la lumière de l'expérience qu'ils ont acquise en prenant soin de leur enfant 24 heures par jour. Le fait que le SFC apparaît et disparaît n'aide pas non plus, et il est inévitable que soient entretenues de nombreuses craintes sur les rechutes et les risques d'excès.

Jessica

À l'âge de 11 ans, Jessica a eu un parasite grave à l'estomac qui l'a rendue malade pendant plus de cinq semaines. Peu après sa guérison, des symptômes d'amygdalite et de mononucléose infectieuse se sont développés. L'année suivante, elle est retournée à l'école et elle est de nouveau tombée malade, beaucoup plus gravement cette fois. Elle devait rester au lit toute la matinée. Après s'être levée, s'être habillée et avoir descendu l'escalier, elle n'avait plus d'énergie pour faire quoi que ce soit. Elle ressentait des douleurs intenses et sa tête était tellement lourde qu'elle voulait toujours l'appuyer sur ses bras; elle avait mal constamment. Un pédiatre diagnostiqua une phobie de l'école et de l'angoisse maternelle. «Tout ce dont je me souviens, c'est que j'étais absolument terrorisée parce que j'ai compris que je n'aurais aucun soutien. Et je savais que ce qu'il disait était totalement erroné.» Son état s'est amélioré avec l'aide d'un autre médecin plus sympathique, mais elle est retournée à l'école trop tôt et a connu une nouvelle rechute. Les autorités de l'école essayèrent d'insister pour qu'elle fréquente l'école à temps plein ou pas du tout. Le stress que cela lui occasionna provoqua des migraines sérieuses et la rechute fut complète. Une rencontre avec un psychiatre donna lieu à de nouveaux examens psychologiques et à la conclusion qu'elle devait faire plus d'exercices. Quand elle refusa de respecter cette ordonnance à cause de l'augmentation de la douleur et de l'incapacité qui en résultaient, on l'a obligée à se retirer, sans plus avoir de contacts avec ses médecins, sauf avec un omnipraticien qui lui prodiguait des encouragements.

Une rencontre avec une éducatrice fut le point tournant. «Elle m'a écoutée, elle a cru que je disais la vérité, et c'est de cela dont j'avais besoin.» Une équipe de professionnels a été formée — un physiothérapeute, un hydrothérapeute, l'omnipraticien, le médecin de l'école et ses professeurs — et on a permis à Jessica de présider les rencontres. Pour la première fois, elle avait son mot à dire sur ce qui allait lui arriver. Elle affirme que c'est ce qui l'a empêchée de sombrer dans la dépression. Auparavant, elle avait l'impression que la maladie était la plus forte.

On trouve l'histoire de Jessica, racontée dans ses propres mots, dans l'ouvrage de Jane Colby intitulé ME: The New Plague.

L'organisme anglais Action for ME a publié une charte des enfants, qui constitue un ensemble de critères à l'intention des professionnels appelés à participer au traitement du SFC chez les enfants. Cela pourrait être un outil utile si vous avez besoin d'assurer une bonne communication entre les divers professionnels et organismes qui s'occupent de votre enfant. Vous aurez peut-être également besoin de conseils sur la façon d'organiser des cours privés à la maison si votre enfant est incapable d'aller à l'école.

CHAPITRE 11

Comment trouver et choisir un thérapeute en médecine naturelle

Une des choses qu'il est important de garder à l'esprit est qu'il ne s'agit pas uniquement de trouver la bonne thérapie et le bon thérapeute. Il s'agit également de les trouver au moment opportun et de savoir comment combiner différentes thérapies ou interventions. Il est possible que certaines thérapies ne soient pas efficaces dans les premiers stades de la maladie, alors que vous avez une attitude mentale négative. D'un autre côté, votre attitude mentale peut changer conséquemment à votre relation avec un thérapeute particulier, qui vous aide à admettre la possibilité d'un changement. Vous aurez peut-être aussi besoin de vous concentrer sur ce que vous pouvez faire pour vous-même, c'est-à-dire trouver un rythme et un mode de vie conformes à vos limites, avant de rechercher des solutions extérieures.

La rencontre thérapeutique et la permission d'espérer

Du fait qu'en Occident nous conférons aux médecins et thérapeutes le pouvoir de guérir, nous sommes culturellement portés à intérioriser leur conception de notre situation et leur sentiment sur leur capacité de nous aider ou non. Cette attitude affecte la qualité de la relation et notre perception à l'égard de nos chances de guérison. De plus, naturellement, la dimension émotionnelle de la maladie est souvent niée ou évitée par les médecins et les praticiens, ceci à cause de la présence de sentiments difficiles, comme la peur, la colère, l'isolement, le désespoir et la tristesse. Les patients qui ont la possibilité d'exprimer ces sentiments et qui sont écoutés ont de meilleures chances de guérir.

Si la réalité de la dimension émotionnelle de la maladie chronique n'est pas admise, les personnes atteintes du SFC sont à la merci du pessimisme (qui est réaliste quand les sentiments sont ignorés) des gens à qui elles confèrent le pouvoir de guérir. Parfois, plutôt que de chercher à obtenir la permission des autres, nous devons nous l'accorder à nous-même. Le fait de découvrir en nous-même ce dont nous avons besoin peut finalement être la leçon la plus valable que nous puissions apprendre.

Trouver un thérapeute

Il est maintenant beaucoup plus aisé de trouver le bon thérapeute que ce ne l'était il y a quelques années seulement, mais ce n'est tout de même pas si simple. La grande variété de thérapies est en soi déconcertante, et dans de nombreux pays, les thérapeutes en médecine naturelle ne sont pas encore bien organisés. Il ne manque pas d'annuaires et de publicité, mais il est difficile d'évaluer la justesse de l'information qu'on y trouve. Alors, comment faire pour trouver un thérapeute à qui l'on peut faire confiance?

Le début de la recherche: les sources locales

Comme nous l'avons vu, plusieurs thérapies naturelles décrites dans le présent ouvrage ont leurs racines dans l'antiquité et certaines existent depuis aussi longtemps qu'il y a des humains sur terre. Pour trouver un bon praticien, on s'en est traditionnellement remis au «téléphone de brousse» de la communauté. Le bouche à oreille demeure donc le meilleur moyen de trouver le bon thérapeute.

Parlez-en avec toute personne dont vous respectez l'opinion, surtout une personne atteinte de la même maladie que vous. (Il vous sera également utile de savoir quel praticien devrait être évité et quelles thérapies ne peuvent vous être d'aucun secours.) Si cette méthode ne fonctionne pas, plusieurs autres avenues s'offrent à vous.

Les cliniques et les centres médicaux

Si vous avez besoin d'aide de façon urgente, vous devriez consulter votre médecin de famille. Comme nous l'avons déjà expliqué, sans traitement approprié, votre état peut décliner rapidement. Si vous vous renseignez sur les thérapies naturelles dès votre premier rendez-vous, vous risquez d'entendre les pires prédictions ou de vous faire recommander, à tout le moins, d'attendre que votre état soit stabilisé avant d'envisager le recours à une thérapie naturelle.

Les centres de santé naturelle

Le centre de santé naturelle le plus près de chez vous se fera un plaisir de vous renseigner. Vos premières impressions vous guideront adéquatement sur la qualité des services qu'ils offrent. Le personnel est-il bien renseigné et chaleureux?

L'endroit est-il propre et confortable? L'ambiance vous permet-elle de vous sentir à l'aise dès le moment où vous entrez? Elle le devrait. C'est important. Vous leur apportez votre confiance et votre clientèle, et les deux doivent être traitées avec le plus grand respect.

Un bon centre devrait offrir quantité de renseignements destinés à expliquer les thérapies et à présenter les praticiens. Dans un établissement bien tenu, la réceptionniste ou le propriétaire devraient être parfaitement renseignés sur les différentes thérapies qu'ils proposent. C'est mauvais signe s'ils ne le sont pas.

Vos premières impressions ne réussiront peut-être pas à vous convaincre de vous inscrire ou non. Dans ce cas, demandez à rencontrer la personne susceptible de vous traiter, pour tâter le terrain. Cela devrait être possible, même si les lieux sont achalandés.

Ne commencez pas tout de suite à raconter l'histoire de votre vie; toutefois, dans certains établissements, on vous offre la possibilité de le faire durant une consultation gratuite — généralement de 15 minutes — simplement pour déterminer si vous êtes au bon endroit.

Les praticiens de la région

Les praticiens savent généralement qui offre quoi dans leur région, même s'il s'agit d'autres thérapies. Donc, si vous connaissez par exemple une personne qui pratique la réflexologie, mais que vous souhaitez rencontrer un homéopathe, demandez-lui de vous recommander quelqu'un. Il en va de même si vous connaissez un praticien personnellement, mais que vous ne souhaitez pas avoir recours à ses services professionnels. Les praticiens sont généralement heureux de recommander une autre personne oeuvrant dans leur domaine de compétence.

Les magasins d'aliments naturels et les librairies alternatives

Le personnel des boutiques d'aliments naturels et des librairies alternatives a souvent une bonne connaissance des ressources locales, aussi bien qu'un intérêt pour les thérapies naturelles. La boutique a peut-être un tableau sur lequel sont affichées les cartes professionnelles des praticiens de la région. Rappelez-vous, cependant, que les praticiens les plus expérimentés et les mieux établis n'ont pas besoin de ce type de publicité, de sorte que vous risquez d'ignorer totalement leur existence si vous ne prenez pas suffisamment de renseignements.

D'autres sources d'informations locales

N'oubliez pas que le pharmacien de votre quartier est souvent en relation aussi bien avec les thérapeutes de la médecine traditionnelle qu'avec ceux de la médecine naturelle. La bibliothèque et le centre d'informations de la région peuvent être d'autres bonnes sources d'information, surtout pour trouver des groupes d'aide.

Les ordinateurs (avec modem) peuvent permettre de trouver des informations par l'entremise de l'Internet. Il pourrait également valoir la peine de vous adresser à des établissements de cure, des boutiques d'esthéticiennes et des bureaux de protection des consommateurs.

Les sources d'informations plus étendues

Si vous n'avez pas de succès au niveau régional, ne vous découragez pas. Il y a plusieurs autres sources à consulter à l'échelle nationale.

Les organisations qui en chapeautent d'autres

Les thérapies naturelles font de plus en plus partie d'organisations qui représentent une thérapie ou diverses thérapies sur le plan national. Ces organismes de coordination nationaux ont des listes de praticiens inscrits et reconnus; dans le cas des thérapies les plus établies (comme la chiropractie), ils ont même formé leur propre comité de surveillance.

Il est préférable de téléphoner, plutôt que d'écrire ou de communiquer par télécopieur, parce que cela vous donnera une meilleure idée du degré d'organisation du groupe. Vous découvrirez peut-être que le groupe que vous contactez représente diverses associations. Vous devrez peut-être acquitter un coût minime pour obtenir le registre de chaque association; si vous pouvez vous le permettre, procurez-vous les tous pour être mieux en mesure de vous faire une idée.

Les journaux, les magazines et les annuaires

De nombreux thérapeutes font de la publicité. Si vous trouvez des praticiens de cette façon, il sera bon de commencer par leur parler et par vous renseigner sur eux.

L'évaluation des organisations professionnelles

Certaines organisations sont des groupes sérieux qui surveillent réellement leurs membres, tandis que d'autres semblent pousser comme de la mauvaise herbe, dans le seul but de percevoir les cotisations de leurs membres et de se donner de la crédibilité. La présente section a pour objectif de vous aider à détecter vous-même la mauvaise herbe.

Pourquoi les organisations professionnelles existent-elles?

Les objectifs des ordres professionnels relatifs aux thérapies naturelles sont les suivants:

- maintenir à jour des listes de leurs membres, de manière que vous puissiez vérifier si le nom d'une personne figure vraiment sur leur liste;
- vous protéger en vérifiant que leurs membres sont bien formés, ont un permis d'exercice et une assurance de responsabilité civile et professionnelle;
- recevoir vos plaintes si vous êtes insatisfait de n'importe quel aspect du traitement reçu et que vous n'arrivez pas à régler le problème avec votre thérapeute;
- protéger leurs membres en leur procurant de bons conseils éthiques et juridiques;
- représenter leurs membres quand l'adoption de lois susceptibles de les toucher est proposée;
- travailler à l'amélioration de la formation de leurs membres avant et après leur inscription à l'ordre;
- faire mieux connaître les bienfaits de chaque thérapie dans les cercles médicaux conventionnels;
- améliorer les connaissances du public à l'égard des bienfaits de chaque thérapie.

Les questions à poser aux organisations professionnelles

Outre la liste des membres, les bonnes organisations publient des informations claires et simples sur leurs statuts et leurs objectifs. Comme elles ne le font pas toutes, il vous sera peut-être utile de les contacter de nouveau après avoir reçu votre liste pour leur poser les questions suivantes:

- Quand l'association a-t-elle été fondée? (Cela peut vous rassurer d'entendre qu'elle existe depuis 50 ans. Si l'association est de création récente, ne la balayez tout de même pas du revers de la main; elle est peut-être innovatrice.)
- Combien de membres regroupe-t-elle? (La taille reflète la popularité auprès du public, car peu de thérapeutes pourraient vivre de leur discipline si elle n'était pas en demande. Les plus grandes organisations ont généralement de meilleurs résultats et sont plus populaires auprès du public, mais une petite association peut refléter le fait que la thérapie est très spécialisée ou qu'elle en est encore à ses débuts — ce qui n'est pas forcément une mauvaise chose.)
- Depuis quand la thérapie représentée est-elle pratiquée?
- S'agit-il d'une fiducie constituée à des fins de bienfaisance ou d'éducation — avec une constitution formelle, un conseil d'administration et des comptes publics — ou d'une société privée à responsabilité limitée? (Les organismes de bienfaisance doivent être à but non lucratif, travailler dans l'intérêt public et accepter de se soumettre à l'inspection en tout temps. Ce n'est pas le cas des sociétés privées.)

- L'association fait-elle partie d'un plus grand réseau d'organisations? (Si oui, cela implique qu'elle s'intéresse au progrès collectivement avec les autres groupes, et non qu'elle poursuit uniquement ses propres objectifs. En gros, les groupes qui font cavalier seul sont plus suspects que ceux qui s'associent aux autres.)

- L'association a-t-elle un code de déontologie (imposant des normes de conduite professionnelle) et des procédures disciplinaires? Si oui, quels sont-ils?

- Comment les membres sont-ils inscrits au tableau de l'ordre? L'association est-elle liée à une seule école de formation? (Méfiez-vous des associations dont la direction est la même que celle de l'école de formation qu'elles représentent: il peut être difficile d'obtenir une aide objective de cette sorte «d'homme-orchestre».)

- Les membres doivent-ils faire la preuve qu'ils possèdent une assurance de responsabilité professionnelle? L'assurance devrait couvrir:

  - les dommages accidentels occasionnés à vous et vos biens pendant que vous êtes sur les lieux de travail du praticien;

  - la négligence (soit le défaut du praticien d'exercer «l'obligation de prendre soin» à laquelle il est tenu envers vous, soit le non-respect des normes de compétence clinique exigées des membres de sa profession, qui provoque une aggravation générale de votre problème);

  - la faute professionnelle (une conduite indigne des membres de sa profession comportant, par exemple, de la malhonnêteté, une inconduite

sexuelle ou un manquement au secret professionnel — vos confidences personnelles ne
devraient jamais être discutées avec une tierce
personne sans votre consentement).

La vérification de la formation et des compétences

Si vous êtes passablement rassuré jusqu'ici, mais
que vous avez encore des doutes sur ce que la formation implique réellement, posez encore quelques
questions:

- Combien de temps dure le programme de formation?
- Celui-ci est-il suivi à temps plein ou à temps
  partiel?
- Si le programme à temps partiel est plus court que
  le programme à temps plein pour conduire à l'ob-
  tention du même diplôme, le temps consacré aux
  cours et au stage clinique est-il équivalent à celui
  du programme à temps plein? (Autrement dit,
  s'agit-il d'un raccourci?)
- Le programme comprend-il un stage supervisé
  auprès de patients dans une clinique ou en
  pratique privée?
- Que signifient les initiales qui suivent le nom d'un
  thérapeute? Indiquent-elles uniquement l'apparte-
  nance à une organisation ou signifient-elles que
  des études approfondies ont été complétées?
- Les diplômes sont-ils reconnus? Si oui, par qui?
  (C'est de plus en plus pertinent, parce que les
  organisations de thérapies se regroupent et
  commencent à former des registres reconnus par
  l'État dans de nombreux pays. Mais ce qu'il

importe surtout de savoir, c'est si les diplômes sont évalués et reconnus par une autorité extérieure indépendante.)

Faire son choix

Le choix définitif repose sur une combinaison de bon sens et d'intuition et sur le désir d'essayer un thérapeute particulier. N'oubliez pas que la partie la plus importante de tout le processus est votre détermination à aller mieux, à avoir plus de contrôle sur votre état de santé et, avec un peu de chance, à voir votre condition s'améliorer. La deuxième chose la plus importante est que vous vous sentiez à l'aise avec le thérapeute que vous choisissez.

L'expérience de la thérapie naturelle

Comme la plupart des thérapeutes de médecine naturelle travaillent à leur compte, il n'y a pas de modèle établi.

Bien qu'ils soient susceptibles de partager sensiblement le même respect des principes énumérés au chapitre 6, ils représentent toutes les conditions sociales. Ils ont autant de façons de s'habiller, de penser et de se comporter, qu'il y a de modes; il y en a qui sont élégants et formels, tandis que d'autres sont résolument informels.

Leurs lieux de travail sont également très différents. Certains adoptent un style d'apparence professionnelle, c'est-à-dire qu'ils travaillent dans une clinique avec une réceptionniste et une structure axée sur l'efficacité; d'autres, par contre, reçoivent leurs clients dans leur salle de séjour, entourés de plantes d'intérieur et dans leur désordre domestique.

Rappelez-vous que l'image peut indiquer le statut, mais qu'elle n'est pas un gage de compétence. Il y a autant de chances de trouver un bon thérapeute qui travaille chez lui, que d'en trouver un qui travaille en clinique.

Certaines caractéristiques, probablement les plus importantes, sont toutefois communes à toutes les personnes qui pratiquent des thérapies naturelles:

- Elles vous accorderont beaucoup plus de temps que vous en aurez jamais avec votre médecin de famille. La consultation initiale dure rarement moins d'une heure et souvent plus. Elles vous poseront beaucoup de questions sur vous-même, pour vous connaître, vous comprendre et tenter de déterminer les causes fondamentales de votre problème.
- Vous devrez payer les remèdes qu'elles prescrivent, et d'ailleurs elles les vendent parfois elles-mêmes. Elles vous factureront également le temps qu'elles vous accordent, quoique de nombreux thérapeutes offrent des tarifs réduits dans les cas qui le méritent ou aux personnes qui n'ont vraiment pas les moyens de payer.

Les précautions raisonnables

- Méfiez-vous de toute personne qui vous «garantit» la guérison. Personne ne peut le faire (pas même les médecins).
- Mettez en question toute tentative de vous inscrire à un programme de traitement. La réponse à n'importe quelle thérapie naturelle varie selon les individus. Évidemment, si le thérapeute a une clientèle nombreuse, il serait sensé de prendre un

ou deux rendez-vous d'avance. Vous devriez avoir la possibilité d'annuler sans pénalité toute séance qui se révélerait inutile (mais pensez prévenir au moins 24 heures d'avance: certains thérapeutes vont vous facturer si vous ne leur donnez pas un préavis suffisant).

- Aucun thérapeute soucieux de l'éthique n'exige d'argent avant les traitements, sauf pour certains tests ou médicaments particuliers, et encore là c'est plutôt inusité. Si l'on vous demande n'importe quelle forme d'avance, demandez à savoir exactement pourquoi et si la réponse ne vous satisfait pas, refusez de payer.

- Soyez sur vos gardes si le thérapeute ne vous pose pas de questions sur votre médication actuelle et essayez de donner des réponses précises s'il vous en pose. Faites particulièrement preuve de prudence si le thérapeute vous dit d'abandonner ou de changer un médicament prescrit par votre médecin sans en parler d'abord à celui-ci. (Un médecin responsable devrait se faire un plaisir de discuter avec un thérapeute de votre cas et des médicaments qui vous sont prescrits.)

- Prenez note de la qualité du toucher du thérapeute si vous choisissez une des techniques de relaxation ou de manipulation, comme les massages, l'aromathérapie et l'ostéopathie. Le toucher ne devrait être ni insistant, ni suggestif. Si, pour une raison ou une autre, le thérapeute veut toucher vos seins ou vos parties génitales, il devrait d'abord vous demander la permission.

- Si le thérapeute est du sexe opposé, vous avez le droit d'exiger la présence d'une personne de votre choix dans la pièce durant la séance. Méfiez-vous si cela n'est pas permis. Les thérapeutes soucieux de l'éthique ne refuseront pas une demande de cette nature, et s'ils le font, il est probablement préférable que vous cessiez tout rapport avec eux.

Que faire si les choses tournent mal

Le praticien occupe une position de confiance et il est tenu à l'obligation de prendre soin de vous en tout temps. Cela ne signifie pas que vous «devez être guéri» simplement parce que vous avez payé votre traitement. Si vous croyez avoir été traité de manière injuste, incompétente ou contraire aux règles d'éthique, voici quelques options que vous pouvez considérer.

- Abordez le problème à sa source, c'est-à-dire avec le praticien, soit oralement, soit par écrit.
- S'il travaille à un endroit comme une clinique, un établissement de cure ou un centre sportif, dites-le à la direction. Celle-ci a également le devoir de protéger le public et devrait traiter les plaintes avec sérieux et discrétion.
- Contactez l'ordre professionnel auquel appartient le praticien. Il existe sans doute un comité indépendant qui enquête à fond sur les plaintes et impose des mesures disciplinaires à ses membres.
- Si le délit commis est de nature criminelle, informez-en les autorités policières (mais préparez-vous à faire face à la difficulté de prouver ce que vous affirmez contre la parole d'une autre personne).
- Si vous croyez que vous avez droit à une indemnité, consultez un avocat.

À l'exception d'un procès public, la pire chose qui puisse arriver à un praticien incompétent ou malhonnête, c'est la mauvaise publicité. Parlez à tout le monde de votre expérience. Il suffit que les gens entendent le même type de commentaires de quelques sources différentes pour que le praticien disparaisse sans laisser de traces. Avant de le faire, toutefois, essayez d'abord les autres mesures et prenez le temps d'envisager les choses calmement. La vengeance n'est pas très bonne pour la santé.

Un mot d'avertissement Ne faites pas d'allégations malicieuses sans avoir d'excellentes raisons de le faire. De telles actions constituent elles-mêmes des infractions criminelles dans la plupart des pays et vous pourriez vous attirer plus d'ennuis que le thérapeute.

Résumé

En réalité, il y a peu d'escrocs ou de charlatans dans le domaine de la médecine naturelle. En dépit du mythe, peu de thérapeutes font beaucoup d'argent, sauf ceux qui sont très occupés, et s'ils le sont, il est fort probable que c'est parce qu'ils sont compétents. Rappelez-vous que personne ne peut tout savoir et qu'aucun spécialiste, dans quelque domaine que ce soit, n'est obligé d'avoir 100 pour cent dans toutes les matières pour être apte à pratiquer. La perfection est une notion idéale, ce n'est pas la réalité, et l'erreur est humaine.

C'est pour cette raison que le principe le plus important qui sous-tend le présent livre est que vous devez prendre votre propre santé en main. Prendre votre santé en main, cela signifie prendre la responsabilité des choix que vous effectuez, ce qui est l'un des facteurs les plus importants dans le succès d'un traitement.

Adresses utiles

La liste d'organisations qui suit n'est que pour fins informatives et n'implique aucun endossement de notre part, ni ne signifie que ces organisations assument les points de vue exprimés dans cet ouvrage.

CANADA

L'Association E. M. du Canada
246, rue Queen, suite 400
Ottawa (Ontario)
Canada K1P 5E4
Tél: (613) 563-1565

Association médicale holistique canadienne
700, rue Bay
P.O. Box 101, suite 604
Toronto (Ontario)
Canada M5G 1Z6
Tél: (416) 599-0447

Association chiropractique canadienne
1396, ave Eglinton ouest
Toronto (Ontario)
Canada M6C 2E4
Tél: (416) 781-5656

QUÉBEC

L'Association québécoise E. M.
2055, ave Northcliffe
bureau G-522
Montréal (Québec)
Canada H4A 3B2
Tél: (514) 485-5006

Corporation des praticiens en médecines douces du Québec
5110, rue Perron
Pierrefonds (Québec)
Canada H8Z 2J4
Tél: (514) 634-0898

Association des chiropraticiens du Québec
7960, boul. Métropolitain est
Anjou (Québec)
Canada H1K 1A1
Tél: (514) 355-0557

Association professionnelle des acupuncteurs du Québec
4822, Christophe Colomb
Montréal (Québec)
Canada H2J 3G9
Tél: (514) 982-6567

FRANCE

Fédération nationale de médecine traditionnelle chinoise
73, boul. de la République
06000 Cannes
France
Tél: 04.93.68.19.33

Association Zen internationale
17, rue Keller
75011 Paris
France
Tél: (1) 48.05.47.43

Association française de chiropractie
102, rue du Docteur Ruichard
49000 Angers
France
Tél: 33 (2) 41.68.04.04

BELGIQUE

Union belge des chiropractors
avenue Ferdauci, 30
1020 Bruxelles
Belgique
Tél: 345-15-27

SUISSE

Association suisse des chiropraticiens
38, Sulgenauweg
3007 Berne
Suisse
Tél: 031 450 301

INTERNATIONAL

Organisation médicale homéopathique internationale
B.P. 77
69530 Brignais
France

CFS Electronic Newsletter
CFS-NEWS home page:
http://www.alternatives.com/cfs-news/index.htm
HIHLIST Listserv on Internet
or Roger Burn at Internet
CFS-NEWS@LIST.NIK.GOV
Tél: (202) 966-8738

WECAN
Worldwide Electronic
CFIDS/Me Action Network
http://www.community-care-org.uk/ME/wecan.html

Réseau Américain
AACFS home page:
http://weber.u.washington.edu/~dedra/aacfs;.html

Réseau Européen
ME-NET:
http://www.dds.nl/~me-net
ME-WEB:
http://www.dds.nl/~me-net/
meweb
Association de EM
et Fatigue chronique:
http://www.afme.org.uk

Index